Zach Davis

POWEREADING®

Schneller lesen,
Zeit sparen,
Effektivität steigern

Peoplebuilding-Verlag

Zach Davis
5. Auflage
Titel: PoweReading®: Schneller lesen, Zeit sparen, Effektivität
                 steigern
ISBN: 978-3-941546-00-4
Erstauflage: Peoplebuilding-Verlag, Planegg (2004)

www.peoplebuilding.de

Coverfotos: Peoplebuilding, Planegg
Coverdesign: Designliga, München
Druck: THB, Prag
Zeichnungen: Gustavo Ticic

Inhalt

Vorwort Markus Hofmann   **6**

Kapitel 1: *Ihre* neuen Möglichkeiten   **10**
Was Ihnen PoweReading bringt.........................10
Was Ihnen PoweReading wirklich bringt 15
Was Sie nicht (mehr) wollen..........................19
Verbreitete Fehlannahmen 21
Realistisches Steigerungspotenzial 22
Das erste Etappenziel..........................29

Kapitel 2: Spannende Augenblicke   **34**
Das menschliche Auge..........................34
Lesebremser Nr. 1: Rücksprünge..........................37
Ausnutzung der Blickspanne..........................44
Die Bedeutung der Schlüsselwörter..........................51
Standortbestimmung 53
Die Blickspanne erweitern 56
Förderliche innere Zustände herstellen 70

Kapitel 3: Texte leicht verstehen   **75**
Die Macht von Fragen..........................75
Textverständnis messen 77
Eine bestechende Konzentration..........................79
Wissensgerüst und Leseziel 84
Das Wesentliche erkennen 87
Ein hervorragender Wortschatz..........................90
Häufige Stolpersteine..........................97

Kapitel 4: Turbo-Geschwindigkeit   **102**
Geschwindigkeit vs. Textverständnis..........................102
Hochgeschwindigkeitstraining..........................106
Vertikales Training 121
Ultimatives Training: Vor & Zurück 129
Subvokalisieren..........................133

Kapitel 5: Gute Rahmenbedingungen 137

Physisches: Abstände, Haltung & Licht............... 137

Die beste Tageszeit....................................... 142

Musik, Gesundheit & Wartezeiten..................... 144

Kapitel 6: Textarten – Besonderheiten 149

Vergnügen vs. Informationssammlung................ 149

Bücher.. 152

Zeitungen.. 157

PoweReading am Bildschirm............................ 159

Lesen oder Mülltonne?.................................... 162

Kapitel 7: Super-Gedächtnis 167

Die Anforderungen kennen.............................. 167

Effektive Notizen... 168

Sinneskanäle und Verknüpfungen...................... 173

Wiederholung des Gelernten............................ 177

Ihr persönliches Wissensarchiv......................... 178

Interview mit Markus Hofmann........................ 180

Kapitel 8: Ziele im Auge behalten 186

Fortschrittstabelle... 191

Übersicht Mitmach-Teile................................. 192

Übersicht Drills... 193

Literaturverzeichnis....................................... 197

Kontakt... 199

Trainer, Speaker & Autor.................................200

Danksagung

Dankbar bin ich vor allem denjenigen Menschen, die mir angenehme, freudige und unvergessliche Erfahrungen erlaubt haben. Dankbar bin ich jedoch im Nachhinein auch für Situationen, die in dem jeweiligen Moment negativ erschienen. Die schwierigsten Augenblicke sind in Wirklichkeit oft die langfristig wertvollsten Erfahrungen, weil diese uns in unserer Entwicklung häufig am stärksten weiterbringen.

Für die zahlreichen gemeinsam geschaffenen Erlebnisse und Erinnerungen möchte ich ganz besonders danken: Meiner Ehefrau und meinen beiden Töchtern, die mir unendlich viel bedeuten und magische Momente bescheren.

Zach
August 2009

Vorwort Markus Hofmann

Liebe Leser,

eigentlich ist es paradox:

Einerseits wird die Fähigkeit, Informationen effizient aufzunehmen immer wichtiger – in fast jedem Beruf. Für Führungskräfte ist es ohnehin ein täglicher Kampf. Für viele stellt die Informationsflut eine große Herausforderung dar.

Andererseits ist kaum bekannt, welche Fortschritte im Bereich der geistigen Leistungsfähigkeit möglich sind. Aus meiner eigenen Arbeit als Gedächtnistrainer weiß ich, welch schnelle Steigerungen mit den richtigen Techniken erzielbar sind – und das mit spielerischer Leichtigkeit.

Zach Davis hat nach ausführlicher Analyse der besten Leser weltweit in diesem Buch das Thema Leseeffizienz auf das Wesentliche zusammengefasst. Mich persönlich hat fasziniert, dass die gezeigten Techniken äußerst praxisnah und vor allem schnell anwendbar sind. Kurz gesagt, genial einfach – einfach genial.

Wenn Sie denselben Leseberg in halber Zeit schaffen wollen oder sich in derselben Zeit die doppelte Menge Wissen aneignen möchten, dann ist PoweReading genau das Richtige für Sie. Es ist ein Seminar in Buchform.

Viel Freude beim Lesen wünscht

Markus Hofmann

Einführung

Liebe Leser,

zunächst möchte ich, dass Sie drei Dinge wissen:

1) Mir ist bewusst, dass Sie mehr von sich selbst fordern als die meisten anderen Menschen. Davor habe ich großen *Respekt*. Wie komme ich zu dieser Aussage? Auch wenn wir uns höchstwahrscheinlich nicht persönlich kennen: Sie haben durch den Kauf dieses Buches bewiesen, dass Sie die Bereitschaft besitzen, Ihre Zeit und Ihr Geld zu investieren, um eine neue Fähigkeit zu erwerben. Viele Menschen übernehmen wenig Eigeninitiative, wenn es darum geht, sich über das unmittelbar notwendige Maß (Prüfungsvorbereitung, berufliche Mindestqualifikation etc.) hinaus weiterzuentwickeln. Und selbst der geringe Anteil von Menschen, der Bücher über neue Fähigkeiten oder persönliche Weiterentwicklung liest, liest durchschnittlich nicht einmal ein Viertel des Buches. Sie lesen in diesem Augenblick bereits ein Buch, das Ihnen neue Perspektiven eröffnen wird. Ich habe mein Bestes gegeben, dieses Buch spannend, informativ und gewinnbringend zu gestalten. Jetzt liegt es an Ihnen, den nächsten Zug zu machen. Diese Aspekte betone ich nicht, um ein schlechtes Licht auf unsere Bevölkerungsmehrheit zu werfen oder Sie zu eiserner Disziplin bewegen zu wollen. Vielmehr glaube ich fest daran, dass Sie es sich selbst wert sind, Ihre Träume zu verwirklichen. Außerdem ist es für mich mittlerweile eine Lebenseinstellung, ein paar Schritte weiter zu gehen als unbedingt notwendig. Diese letzten Schritte sind es

nämlich häufig, die einen selbst, ganze Unternehmen und Länder vorantreiben. Sie sorgen auch für besonders gute Beziehungen im größeren und kleineren Rahmen und nicht zuletzt für spannende Erfahrungen.

2) Auch ist mir bewusst, dass Sie durch Ihre zeitliche (und vielleicht auch finanzielle) *Investition* auf andere Möglichkeiten verzichten. Wenn Sie dieses Buch nicht lesen würden, dann würden Sie diese Zeit vielleicht mit Ihrer Familie verbringen, mit Freunden, mit Ihrem Hobby oder mit wichtigen Arbeitsaktivitäten. Deshalb ist es für mich ein sehr hohes Anliegen, dass dieses Buch nicht nur nett geschrieben und unterhaltsam ist, sondern Sie persönlich bei der Verwirklichung Ihrer Ziele weiterbringt. Ich behaupte, dass die Techniken in diesem Buch sehr effektiv sind. Warum? Weil ich viele der besten, effektivsten Leser der Welt studiert habe. Ich habe zum Thema Schnelllesetechniken viele Seminare besucht sowie unzählige Bücher, Audioprogramme und Internetübungen durchgearbeitet. Diese Erkenntnisse und meine eigene Erfahrung als PoweReader, PoweReading-Trainer, Angestellter, Unternehmer und Autor habe ich in diesem Werk zusammengefasst. Dieses bedeutet für Sie, dass Sie sehr bald einige der effektivsten Werkzeuge in Bezug auf Ihre Lese-fähigkeiten kennen lernen werden. Mit effektiven Werkzeugen erreichen Sie schneller Resultate, und dies mit weniger Frust.

3) Die folgende Aussage wirkt wahrscheinlich für die meisten Leser, zumindest an dieser frühen Stelle, überzogen: Die Kenntnisse, die in diesem Buch zusammengefasst sind, haben mein *Leben verändert*. Ich

bin überzeugt, dass dieses Buch auch Ihr Leben verändern wird, wenn Sie sich darauf einlassen. Bücher geben Ihnen die Möglichkeit, in vergleichsweise kurzer Zeit detaillierte Informationen zu erhalten, die der Autor vielfach über Jahre, Jahrzehnte oder sogar ein ganzes Leben hinweg gesammelt hat*. Viel Spaß!

Noch ein Kommentar zu Begrifflichkeiten:
Speed-Reading ist der häufigste Begriff für Schnell-lesetechniken. PoweReading ist ein von mir geschützter Begriff, der ins Leben gerufen wurde, um meine Produkte von anderen zu unterscheiden.

* Die wertvollsten Buchtipps unter den vielen Hundert Büchern, die ich in den vergangenen Jahren gelesen habe finden Sie unter **www.peoplebuilding.de/buchtipps**

Noch ein wichtiger Hinweis vorweg:
Prüfen Sie bitte, ob der **100-Euro-Gutschein** diesem Buch beiliegt. Sollte dieser fehlen, setzen Sie sich bitte mit uns in Verbindung. Dieser ist anwendbar auf ein offenes PoweReading-Seminar oder ein Exemplar des PoweReading-Automatic-Trainers.

Kapitel 1:
Ihre neuen Möglichkeiten

Was Ihnen PoweReading bringt

Warum wollen Sie schneller lesen können?
Selbstverständlich kenne ich eine ganze Reihe von Vorteilen und Anwendungsgebieten. Einige Möglichkeiten werde ich Ihnen natürlich auch aufzeigen. Anschließend jedoch geht es um Ihre Ziele! Wichtig für Sie sind nämlich weder das gesamte Spektrum an Möglichkeiten noch die Zielsetzungen anderer Leser, sondern Ihre persönlichen Beweggründe. Deshalb heißt das Kapitel auch „*Ihre* neuen Möglichkeiten" und nicht „*anderer Leute* neue Möglichkeiten".

Schon in diesem Kapitel werden Sie merken, dass Sie ein *Arbeitsbuch* in Ihren Händen halten. Sie haben sich schließlich für eine persönliche Verbesserung entschieden. Um diese Erwartung nicht zu enttäuschen ist anders als z.B. beim (rein passiven) Fernsehen Ihre aktive Mitarbeit erforderlich, um bestmögliche Resultate zu erzielen.

Hin und wieder werde ich nach möglichen *Nebenwirkungen* von PoweReading gefragt. Mir sind nur drei Gefahren bekannt:

1) Rückenschmerzen: Wenn Sie PoweReading immer weiter treiben, dann nimmt das Koffergewicht durch die zunehmende Buchanzahl für eine bspw. einwöchige Reise tendenziell zu.

2) Glänzen durch Wissen: Ich hoffe, dass es für Sie kein Problem ist, wenn Sie in Zukunft (noch) informierter und qualifizierter sind.

3) Störende Unterbrechungen beim Lesen durch Fragen wie: Was suchen Sie da eigentlich die ganze Zeit? Neulich im Flieger habe ich ein leicht zu verstehendes Buch zu einem Thema, das ich recht gut kenne (relativ schnell), gelesen und für meinen Sitznachbarn sah es eher so aus, als würde ich bloß eine bestimmte Stelle suchen. Aber immerhin ein netter Gesprächseinstieg...

Die mit Lesen verbrachte Zeit ist natürlich von Person zu Person unterschiedlich. Durchschnittlich liest ein Erwachsener ca. sechs Bücher pro Jahr und etwa eine Zeitschrift pro Monat. Bestimmte Berufsgruppen lesen deutlich mehr – nicht nur Redakteure und Journalisten. Führungskräfte beispielsweise lesen laut einer aktuellen Umfrage des Trainingsinstituts *Peoplebuilding* durchschnittlich ca. *drei Stunden täglich*, je höher die Hierarchieebene desto mehr. Vor allem das Internet hat durch die Verfügbarkeit fast unbegrenzter Informationsmengen und die Explosion des E-Mail-Verkehrs zu einem deutlichen Anstieg des Lesevolumens geführt. Auch Studenten gehören zur Gruppe derjenigen, die eine hohe Informationsmenge verarbeiten müssen – oder zumindest sollten.

Die Fähigkeit schneller lesen zu können hat mein Leben schon jetzt stark bereichert. Das Wissen und die Erfahrungen, die ich durch PoweReading zusätzlich aufnehmen konnte, strahlen in alle Lebensbereiche aus: Meine Arbeit als Trainer, meine Kundenbeziehungen, mein Privatleben, meine Gesundheit und meine Lebensfreude insgesamt. Ihre persönlichen Lebens- und Arbeitsumstände kenne ich nicht. Auch Ihre speziellen Beweggründe, sich mit PoweReading auseinander zu setzen, kenne ich nicht. Dennoch liegt es mir am Herzen, dass wir gemeinsam Ihr Vorhaben erreichen. Deshalb werde ich Sie immer wieder zum Mitmachen auffordern, Sie herausfordern und mein Bestes geben, Sie durch meine geschriebenen Worte zur Aktivität zu bewegen. Mitmach-Teile werden nicht nur durchnummeriert, sondern auch durch einen *Daumen* symbolisiert. Dieser sieht folgendermaßen aus:

Immer wenn Sie den Daumen sehen, ist somit Ihre aktive Mitarbeit gefordert. Der Lohn hierfür ist, dass Sie Ihren persönlichen Zielen näher kommen – deshalb ist der Daumen nach oben gerichtet. Insofern hoffe ich, dass Sie über die Mitmach-Teile nicht stöhnen, sondern diese als Gelegenheit zum weiteren Fortschritt auffassen.

Für Ihren Erfolg ist es enorm wichtig, dass *Sie* genau wissen, warum Sie ein bestimmtes Vorhaben ansteuern.

Mitmach-Teil Nr. 1 (Nutzen)

Stellen Sie sich einen Augenblick lang vor, Sie besäßen plötzlich die Fähigkeit doppelt so schnell zu lesen – selbstverständlich bei gleich hohem Textverständnis. Diese Annahme ist im Übrigen absolut realistisch. Ich bitte Sie, an dieser Stelle einfach das Vertrauen zu haben, dass dies möglich ist.

Welchen *Nutzen* hätte diese Fähigkeit, doppelt so schnell lesen zu können, für Sie persönlich?

Bitte notieren Sie stichwortartig mindestens *drei verschiedene Vorteile*:

Sie können natürlich auch auf ein Blatt Papier schreiben. Mich persönlich stört es allerdings nicht im Entferntesten, wenn Sie auf die nächste Buchseite schreiben – dafür ist der Platz gedacht, es ist ein Arbeitsbuch.

Ihre neuen Möglichkeiten

1)

2)

3)

Sie haben doch auf der vorangegangenen Seite mindestens drei Vorteile niedergeschrieben, oder? Wenn nicht: Bitte kehren Sie zurück und holen die Einträge nach bevor Sie weiter lesen. Ich möchte nochmals betonen: Wenn Sie dieses Buch einfach nur lesen, dann sind Sie vielleicht ein wenig unterhalten worden und ich habe eine kleine Einnahme erzielt, aber in Wirklichkeit haben Sie und ich es als Team nicht geschafft, Sie mit maximalem Tempo zu Ihren Zielen zu bringen. Wenn Sie hingegen Ihren ersten „Arbeitsteil" schon erledigt haben oder zwischenzeitlich nachgeholt haben, dann können Sie stolz auf unser gemeinsames Ergebnis sein. In diesem Fall bitte ich Sie, die letzten Sätze wohlwollend zu ignorieren.

Was Ihnen PoweReading wirklich bringt

Sie haben drei Vorteile notiert, die Sie sich durch diese Lektüre zumindest erhoffen. Diese Vorteile sind jedoch meistens nur Mittel zum Zwecke tiefer liegender Beweggründe. Lassen Sie uns gemeinsam herausfinden, welche Faktoren Sie wirklich antreiben, damit Ihnen kurz vor der Aberntung der größten Früchte nicht die Motivation ausgeht.

Mitmach-Teil Nr. 2 (Folgen)
Entwickeln Sie stichwortartig die Folgen, die sich für Sie persönlich aus den drei Vorteilen ergeben. Aus diesen Folgen entwickeln Sie Folge-Folgen, bis Sie auf einer *Gefühlsebene* angekommen sind. Warum Gefühlsebene? Was hat das mit PoweReading zu tun? Sie haben an dieser Stelle die Wahl, ob Sie sich erst die Beispiele anschauen

und anschließend die darunter stehende Erklärung lesen oder umgekehrt.

Beispiel 1:

Vorteil: Als Führungskraft 1 Stunde Lesezeit täglich einsparen

Folge: 1 Stunde pro Tag zusätzlich Zeit für Mitarbeiter und Kunden

Folge: Bessere Kunden- und Mitarbeiterbeziehungen

Folge: Höherer Umsatz und geringere Fluktuation

Folge: Beförderung, höheres Gehalt und mehr Entscheidungsfreiheit

Emotionale Folge: Mehr Selbstachtung, Zufriedenheit und Bedeutsamkeit

Beispiel 2:

Vorteil: Als Schüler/Student Buch für morgige Prüfung in zwei statt vier Stunden lesen

Folge: Trotzdem noch zwei Stunden frei verfügbare Zeit

Folge: Heute Nachmittag doch noch Freund/Freundin treffen

Emotionale Folge: Wohl nicht erklärungsbedürftig

Beispiel 3:

Vorteil: Sich als Zeitungsleser in täglich 15 statt 30 Minuten gut informieren

Folge: 6-mal pro Woche 15 Minuten Ersparnis (= 90 Min)

Folge: Zeit für 3-mal 30 Minuten Sport in der Woche

Folge: Gewicht nimmt ab statt zu

Emotionale Folge: Mehr Lebensfreude

Warum ist es wichtig, die Vorteile und deren Folgen bis auf eine emotionale (Gefühls-)Ebene herunterzubrechen?
Ganz einfach: Weil die Wahrscheinlichkeit, dass Sie Ihr *(Lese-)Ziel erreichen* dadurch deutlich ansteigt. Dies hat gleich mehrere Ursachen:

Sie beschäftigen durch diese Vorgehensweise nämlich Ihr *Gehirn* vollständiger. Durch die Analyse von Vorteilen und deren logischen Folgen wird in erster Linie Ihre linke Gehirnhälfte beansprucht. Gefühle hingegen werden primär auf der rechten Seite erzeugt und verarbeitet. Ihr Gehirn wird Sie durch diese Vorgehensweise leichter an Hindernissen vorbei in Zielrichtung navigieren.

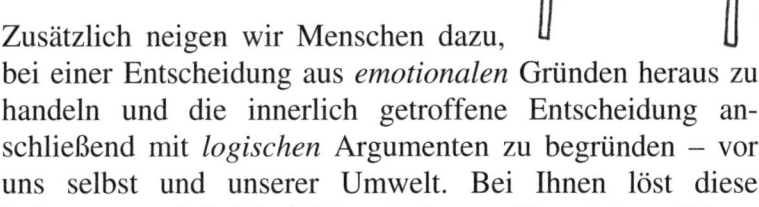

Zusätzlich neigen wir Menschen dazu, bei einer Entscheidung aus *emotionalen* Gründen heraus zu handeln und die innerlich getroffene Entscheidung anschließend mit *logischen* Argumenten zu begründen – vor uns selbst und unserer Umwelt. Bei Ihnen löst diese Behauptung vielleicht Widerstände aus. Vor einigen Jahren hätte ich steif und fest argumentiert, dass die meisten meiner Entscheidungen eine rationale Abwägung der verschiedenen, erwarteten Vorteile und Nachteile darstellt (Betriebswirtschaftler werden solchen Aussagen v.a. aus der Entscheidungstheorie kennen).

Wenn Sie wirklich wissen wollen, ob meine obige Behauptung richtig ist oder nicht, dann machen Sie Folgendes: Denken Sie zurück an eine beliebige Entscheidung in der Vergangenheit: Stellen Sie sich die Frage, warum Sie diese Entscheidung getroffen haben. Wenn Sie den Hauptgrund gefunden haben, fragen Sie wieder nach dem Hauptgrund. Sie fragen immer wieder: Warum? Warum? Warum? Meiner Erfahrung nach erreichen Sie meistens nach maximal fünf bis acht „Warum-Runden" den tiefer liegenden, emotionalen Grund. Und auf dem Weg haben Sie garantiert einige logisch nachvollziehbare und sicher auch berechtigte Gründe gefunden, um die Entscheidung vor anderen und sich selbst logisch erscheinen zu lassen. Diese Übung ist übrigens eine hervorragende Methode, um sich selbst und andere Menschen besser kennen zu lernen.

Ich gehe fest davon aus, dass Sie nun mindestens drei Vorteile bis zur emotionalen Ebene weitergedacht haben. Wenn nicht, dann wissen Sie, was zu tun ist: Kehren Sie bitte zurück, erledigen die Aufgabe und lesen erst weiter, *nachdem* Sie die Aufgabe erledigt haben. Es liegt in Ihrer Hand zu entscheiden, ob Sie den maximalen Nutzen aus diesem Buch für sich herausholen oder nicht.

Was Sie nicht (mehr) wollen

Fragen Sie sich auch, was passieren wird, wenn Sie Ihre Lesegeschwindigkeit *nicht* steigern! Welche Probleme werden sich ergeben? Was wird Ihnen alles entgehen? Was wird schlimmer werden?

Mitmach-Teil Nr. 3 (Entgehendes)
Schreiben Sie mindestens eine Kette von Folgen in den freien Bereich unterhalb des Beispiels.

Beispiel:
Problem: Sehr viel Lesematerial

Folge: Zu wenig Zeit für Familie

Folge: Verschlechterung der Partner/Kind-Beziehung

Folge: Mehr Konflikte, weniger besondere Momente

Emotionale Folge: Mehr Ärger und Unzufriedenheit.

Viele Menschen entwickeln Ihre stärkste Motivation, wenn es darum geht, bestimmte (emotionale) Zustände zu vermeiden. Haben Sie schon mal jemanden wahrgenommen, der sich an einem bestimmten Punkt geschworen hat: *Nie wieder* lasse ich es so weit kommen! Beispiele wären: Nie wieder so ein Chaos, so übergewichtig, solche Geldsorgen oder so spät dran. Vielleicht kennen Sie jemanden, der einen solchen Punkt schon einmal erreicht hat – vielleicht sogar persönlich, vielleicht sogar sehr persönlich, vielleicht sogar Sie selbst.

Nachdem Sie nun ein genaueres Bild darüber haben, warum Sie sich näher mit PoweReading beschäftigen wollen, kommen wir nun inhaltlich zum Kernthema PoweReading. Übrigens empfehle ich Ihnen, beim Lesen und bei den Übungen eine neugierige Haltung einzunehmen und *Spaß zu haben*. Sicher haben Sie bereits bemerkt, dass dieses Buch nicht im typischen Stil eines „Business-Sachbuchs" geschrieben ist. Der Zweck einer lebhaften, teilweise humorvollen Schreibweise liegt nicht nur darin, Ihnen ein Lächeln zu entlocken, sondern auch darin, dass eine spielerische Atmosphäre das beste *Lernklima* darstellt. Erlauben Sie sich einfach, wieder wie ein Kind neugierig zu sein und Neues zu entdecken. Ich lade Sie auf eine spannende Reise ein…

Verbreitete Fehlannahmen

Zwei Annahmen sind im Zusammenhang mit Lesen besonders häufig anzutreffen und stellen zugleich die stärksten Bedenken dar, wenn Menschen das erste Mal mit PoweReading in Berührung kommen:

1) Die Lesegeschwindigkeit ist *nicht steigerbar*, d.h. man hat eine bestimmte Lesegeschwindigkeit in der Schulzeit erworben und damit das Ende der Fahnenstange erreicht. Das ist ungefähr so, als wenn man glaubt, dass es unmöglich ist, jemals ein passabler Schwimmer zu werden. Sicher, wenn Sie keine Verbesserungs-anstrengungen in konditioneller und technischer Hin-sicht unternehmen, dann werden Sie niemals besser werden. Wenn Sie allerdings von besseren Schwimmern abschauen, sich einen guten Trainer besorgen und versuchen das Gelernte umzusetzen, dann werden Sie irgendwann besser. Sie können es kaum verhindern.

2) Wenn man schneller liest, dann nimmt man weniger auf, d.h. das *Textverständnis sinkt* zwangsläufig. Meine Stellungnahme hierzu ist ein eindeutiges „Jein". Richtig ist, dass es für jeden Menschen bei seiner *aktuellen Lesefähigkeit* eine Geschwindigkeit gibt, ab der eine weitere Steigerung zu einem geringeren Textverständnis führt. Wenn Sie den Versuch starten, plötzlich mit der fünffachen Geschwindigkeit zu lesen, werden Sie den Text im Regelfall nicht besonders gut verstehen. In diesem Zusammenhang gibt es zwei gute Nachrichten. Zum einen liegt dieser persönliche Punkt, ab dem das Verständnis abnimmt, meistens höher als die an-gewöhnte Geschwindigkeit. Dieses aktuelle Potenzial

auszuschöpfen ist der Schwerpunkt im nächsten Kapitel „Spannende Augenblicke". Zum anderen lässt sich der persönliche Punkt immer weiter hinausschieben. Hierum geht es vor allem im Kapitel 4 „Turbo-Geschwindigkeit". Dort findet sich auch eine graphische Darstellung dieses Zusammenhangs (Seite 104).

Realistisches Steigerungspotenzial

Welcher Fortschritt bei der Steigerung Ihrer Lese-geschwindigkeit ist *realistisch*? Ich werde Ihnen nicht die Versprechung machen, dass Sie nach dem Durcharbeiten dieses Buches wie von Zauberhand eine Buchseite pro Sekunde aufnehmen und vollständig verstehen. Dies wird als Photoreading oder auch mentales Lesen bezeichnet. Solche Versprechungen halte ich für irreführend und sie enden meiner Erfahrung nach eher in Frustration als in Freude am Fortschritt. Vielleicht gibt es Photoreading-techniken, die zuverlässig vermittelbar und erlernbar sind – ich habe bisher noch keine gefunden. Sollte ich auf Techniken stoßen, von denen ich glaube, dass Sie Ihre Leseeffektivität über die Vorteile der in diesem Buch dargestellten Techniken hinaus verbessern, können Sie sicher sein, dass ich diese publik machen werde.

Ihr Steigerungspotenzial hängt von zwei Faktoren ab:

1) Ihrer *Ausgangsgeschwindigkeit*, gemessen in Wörtern pro Minute (WPM)

2) Ihrem *Training*: Für die qualitative Hochwertigkeit sorgen die nachfolgenden Übungen. In quantitativer Hinsicht werden Sie entscheiden müssen, wie viel Zeit Sie aufwenden möchten, d.h. zunächst, wie schnell Sie dieses Buch durcharbeiten.

Näheres zu weiteren Trainingsmöglichkeiten, die über das Bearbeiten dieses Buchs hinausgehen, finden Sie im letzten Kapitel „Ziele im Auge behalten".

Wenn Sie ein bestimmtes Ziel erreichen wollen, ist die Kenntnis der *Ausgangssituation* enorm wichtig. Selbst eine hochwertige Landkarte, inkl. der Kenntnis des Zielortes, ist ziemlich unbrauchbar, solange Sie den eigenen Standort nicht kennen.

Wie hoch ist Ihre Ausgangsgeschwindigkeit?
Nehmen Sie sich ein Buch Ihrer Wahl zur Hand. Sie brauchen auch eine Möglichkeit, sekundengenau Ihre Zeit zu stoppen, sprich eine Uhr, Stoppuhr oder Ähnliches.

Ideal wäre ein Buch, das folgende Punkte erfüllt:
- Relativ einfach geschriebener Text
- Thema, über das Sie ein gutes Vorwissen besitzen
- Angenehme Schriftart und Schriftgröße
- Keine besonders langen Zeilen, z.B. ein Taschenbuch

Das Buch muss nicht in perfekter Weise alle Punkte erfüllen, aber je näher am Idealbild desto besser. Jetzt suchen Sie eine Stelle mit mehreren Seiten durchgängigen Textes und möglichst wenigen  Graphiken und Zwischenüberschriften. Sie werden gleich zwei Minuten lang so lesen, wie Sie es sonst auch machen. Versuchen Sie den Text so aufzunehmen, dass Sie die meisten Fragen hierzu im Anschluss gut beantworten könnten.

Übrigens gibt es in diesem Buch keine Passagen, die speziell zur Geschwindigkeitsmessung gedacht sind, um den Umfang nicht unnötig aufblähen. Darüber hinaus finden Sie auf unserer Internetseite spezielle Texte zur Messung:

www.peoplebuilding.de/lesetests

Mitmach-Teil Nr. 4 (Ausgangsgeschwindigkeit)
Markieren Sie den Anfang Ihrer ausgewählten Lesepassage. Stellen Sie möglichst sicher, dass Sie *zwei Minuten* lang nicht unterbrochen werden. Ein Telefonklingeln oder ein Klopfen an der Tür würden sich nicht positiv auf Ihr Ergebnis auswirken. Sie lesen zwei Minuten lang auf ein gutes Textverständnis hin und markieren dann die Stelle, die Sie nach Ablauf der zwei Minuten erreicht haben. Die

meisten Menschen lesen bei der Messung der Ausgangsgeschwindigkeit schneller als sonst. Lesen Sie nicht schneller und nicht langsamer als sonst auch.

Sind Sie bereit?
Achtung, fertig, los! Jetzt zwei Minuten lesen!

Willkommen zurück! Ich gehe davon aus, dass Sie wirklich zwei Minuten lang gelesen haben.

Als nächstes ermitteln Sie die Anzahl der Wörter, die Sie in den zurückliegenden zwei Minuten gelesen haben. Dazu haben Sie wiederum zwei Möglichkeiten. Entweder Sie zählen alle Wörter durch, dann haben Sie natürlich ein besonders genaues Ergebnis – es sei denn Sie verzählen sich, wie es mir öfters mal passiert. Die schnellere Variante sollte auch genau genug sein, um damit arbeiten zu können. Sie funktioniert folgendermaßen:

Sie ermitteln die durchschnittliche Anzahl von Wörtern in einer Zeile, indem Sie z.B. drei Zeilen durchzählen und die Gesamtzahl durch drei teilen. Beispielhafte Zeilenlängen von neun, elf und zehn Wörtern:

Wortzahl pro Zeile = (9+11+10) / 3 = 10

Als nächstes zählen Sie die Anzahl der Zeilen, die Sie innerhalb der zwei Minuten gelesen haben. Beispielhafte Zeilenanzahl von 29:

Gesamtwortzahl = 29 x 10 = 290

Teilen Sie nun die Gesamtwortzahl durch zwei und Sie erhalten Ihre aktuelle Lesegeschwindigkeit in *Wörtern pro Minute*:

$$WPM = 290 / 2 = 145$$

Tragen Sie Ihren *Ausgangswert* unter diesem Satz ein. Im Anhang finden Sie auch eine Tabelle, in die Sie Ihren Fortschritt eintragen können.

Jetzt lese ich mit 2 U (**WPM**

Sie fragen sich vermutlich an dieser Stelle, wie Sie im Vergleich zu anderen Personen abschneiden. Sind Sie schneller oder langsamer? Gerne gebe ich Ihnen auch einige Referenzwerte, damit Sie Ihren Wert besser einordnen können. Zunächst möchte ich aber betonen, dass es weniger um einen Wettkampf geht, sondern darum, selber schneller zu werden und eine Ausgangsgröße zu haben, um Fortschritte und somit die Wirksamkeit des Übens messen zu können. Weiterhin ist die gerade gemessene Geschwindigkeit nicht im absoluten Sinne wahr. Sie hängt neben der Lesefähigkeit auch vom Lesematerial, den Rahmenbedingungen, der Einstellung und vielen anderen Faktoren ab, die im Folgenden noch eingehender zu betrachten sind. Es ist gut möglich, dass Sie morgen einen ähnlichen Text etwas schneller oder langsamer lesen. Vielleicht lesen Sie auch gleich schnell, aber erzielen ein höheres oder niedrigeres Textverständnis. Wenn Sie beispielsweise weniger WPM erzielt haben als eine andere Person, dann bedeutet dieses Ergebnis nicht zwangsläufig, dass Sie der schlechtere Leser sind und schon gar nicht, dass

Sie notwendigerweise langsamer bleiben. Sowohl anfangs langsamere als schon relativ schnelle Leser können deutliche Steigerungen erzielen.

Wie schnell liest der *Durchschnittsleser*?
Meiner Erfahrung nach liegen die meisten Erwachsenen, die sich bisher nicht mit Schnelllesetechniken beschäftigt haben, zwischen 120 und 240 WPM. Diese Beobachtung bezieht sich auf die Situation, in der den Lesern bewusst ist, dass es um die Ermittlung der Lesegeschwindigkeit geht. Etwa 90 Prozent meiner Seminarteilnehmer finden sich in dieser Bandbreite wieder. Manchmal beobachte ich in der Bahn und oder im Flugzeug jemanden, der in meiner Nähe sitzt und liest (Ja, das mache ich manchmal aus Neugier. Nein, damit verbringe ich nicht den überwiegenden Teil meiner Reisezeit). Die geschätzte Geschwindigkeit liegt dann in den meisten Fällen zwischen 90 und 200 WPM – auf Basis der Zeit pro Seite und der ungefähren Wortzahl pro Seite, für die ich mittlerweile ein relativ gutes Gespür habe. Sie wissen jetzt, dass Sie beim Lesen in der Öffentlichkeit vielleicht von irgendeinem besessenen Schnelllese-Trainer zwecks dessen persönlicher Statistik beobachtet werden.

Auch diese Statistiken sind aus den oben beschriebenen Gründen ohnehin nur bedingt miteinander vergleichbar. Auch die Sprache spielt eine Rolle. Ist Ihnen schon mal aufgefallen, dass ein deutscher Text weniger, aber dafür längere Wörter besitzt als die englische Version des gleichen Textes? Die freudige Nachricht für Sie lautet an dieser Stelle, dass Ihr WPM-Wert (gemessen an einem deutschen Text) in Wirklichkeit höher ist als der gleiche Zahlenwert eines englischen Lesers (gemessen an einem englischen Text). Übrigens bin ich für den Fall, dass dieses

Buch in die englische Sprache übersetzt wird schon jetzt auf den Kommentar des Übersetzers gespannt, wenn dieser die 15 bis 20 Buchstaben langen Hauptwortmonster (gutes Beispiel in diesem Zusammenhang) im nächsten Kapitel zu übersetzten versucht.

Die Lesegeschwindigkeit kann auch ohne das Erlernen von Schnelllesetechniken im Laufe des Lebens variieren. Der Höhepunkt wird vielfach während des Studiums erreicht, also während der Zeit, zu der gewöhnlich mehr Lesestoff zu bewältigen ist als in anderen Lebensphasen. Mit zunehmendem Bildungsgrad und zunehmender Hierarchieebene im Unternehmen, nimmt die Lesegeschwindigkeit ebenfalls leicht zu. Alle aufgeführten Aussagen sind nicht mehr und nicht weniger als Tendenzaussagen. Wenn jemand feststellt, dass Männer größer sind als Frauen, dann gilt dies natürlich nicht in jedem Einzelfall. Es gibt immer wieder einzelne Ausreißer nach oben und nach unten.

Sie kennen jetzt Ihre Ausgangsgeschwindigkeit und haben ein Gespür für das durchschnittliche Lesetempo. Welche Steigerung ist zu erwarten? Sofern Sie nicht schon außergewöhnlich schnell lesen, werden Sie nach dem Lesen des nächsten Kapitels und einigen wenigen Stunden Übung Ihre Geschwindigkeit in etwa verdoppeln, mindestens aber um 50 % erhöhen. Eine Steigerung von 150 auf 300 oder von 250 auf 500 WPM ist absolut realistisch - vorausgesetzt Sie machen die beschriebenen Übungen auch wirklich.

Das erste Etappenziel

Definieren Sie Ihr *Steigerungsziel* für das nächste Kapitel:
Wenn Sie konservativ beginnen
wollen, dann zielen Sie auf eine
Steigerung von 50 Prozent ab.
Wenn Sie Ihre Ziele gewöhnlich
aggressiv verfolgen, wählen Sie
gleich 100 Prozent. Alles dazwischen ist natürlich auch in
Ordnung. Wichtig ist allerdings,
dass Sie eine *konkrete* Orientierungsgröße festlegen.

Mitmach-Teil Nr. 5 (Etappenziel)
Ergänzen Sie nachfolgend: Ausgangswert (AW) in WPM
und Steigerungsziel (SZ) in Prozent und resultierender
Zielwert (ZW). Beispielwerte sind kursiv und unterstrichen
abgebildet.

$$\text{AW } \underline{\mathit{200}} \text{ x (SZ } \underline{\mathit{0,8}} \text{ +1) = ZW } \underline{\mathit{360}}$$

Gehen Sie jetzt kurz zurück zu Ihren persönlichen
PoweReading-Vorteilen und lesen Sie diese nochmals
durch. Ideal für Ihre Motivation ist es, wenn Sie die
emotionalen Beweggründe auf sich wirken lassen und
tatsächlich *spüren.*

Für den Fall, dass Sie neugierig sind, welchen Verlauf meine persönliche Lesegeschwindigkeit genommen hat: Vor der ersten Begegnung mit Lesetechniken lag mein Tempo bei 170 WPM. Heute liegt meine Lesegeschwindigkeit unter guten Bedingungen zwischen 600 und 1000 WPM. Und ich trainiere weiter, weil ich weitere Vorteile noch schnelleren Lesens sehe. Lange Zeit habe ich mich schwer getan ein *Plateau* bei 400 bis 500 WPM zu überwinden. Mein Fall ist aber nur ein Einzelfall unter vielen. Ihr Verlauf kann ganz anders sein. Sie können Plateaus bei anderen Geschwindigkeiten erreichen oder einen kontinuierlicheren Fortschritt erleben. Es ist allerdings durchaus wahrscheinlich, dass Sie früher oder später an einem Punkt angelangen, der unüberwindbar erscheint – ähnlich wie die Vierminuten-

marke beim Meilenlauf oder die Zehnsekundenmarke beim 100-m-Lauf. Diese Grenzen hatten lange Zeit Bestand. Heute sind 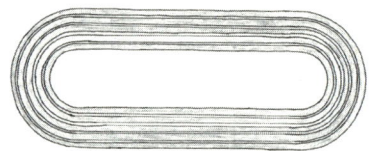 Trainingsmethoden bekannt, die es deutlich mehr Menschen ermöglichen, diese Werte zu knacken.

Häufig liegt das erste herausfordernde Plateau bei ca. 400 WPM. Das Erreichen eines (vorübergehenden) Plateaus bedeutet aber nicht, dass die Grenzen Ihrer geistigen Fähigkeiten erreicht sind. Persönlich betrachte ich solche Phasen als Gewöhnzeit, die das Gehirn benötigt, um das erreichte Niveau zu festigen, bevor es bereit für weitere Steigerungen ist. Angenommen, Sie erlernen als Jungkoch ein neues Gericht. Auch wenn Ihnen  dieses schon einmal perfekt gelungen ist, werden Sie es einige Male wiederholen müssen, bevor Sie es traumhaft sicher auf den Teller zaubern können. Selbst wenn Sie vorerst keine weiteren und schwierigeren Gerichte kochen, machen Sie weitere Schritte auf dem Weg zum Sternekoch.

Jetzt geht es endlich an die *Steigerungen*. Viel Spaß!

Am Ende jedes Kapitels (Ausnahme letztes Kapitel) finden Sie sowohl eine stichpunktartige Zusammenfassung sowie eine etwas detaillierte Übersicht der behandelten Inhalte in Form einer Gedankenlandkarte. Näheres zu Gedankenlandkarten finden Sie in Kapitel 7 „Super-Gedächtnis".

Das Wichtigste in Kürze

- Entscheidend sind Ihre Zielsetzungen

- Nur Ihr aktives Mitarbeiten bringt Ihnen den gewünschten Erfolg

- Jedes Ziel besitzt tiefer liegende, emotionale Beweggründe

- Eine gute Atmosphäre und Neugier sind ideale Lernvoraussetzungen

- Ihr Steigerungspotenzial ist abhängig von: Ausgangstempo, Trainingsqualität und -umfang

- Eine Verdopplung der Lesegeschwindigkeit ist realistisch

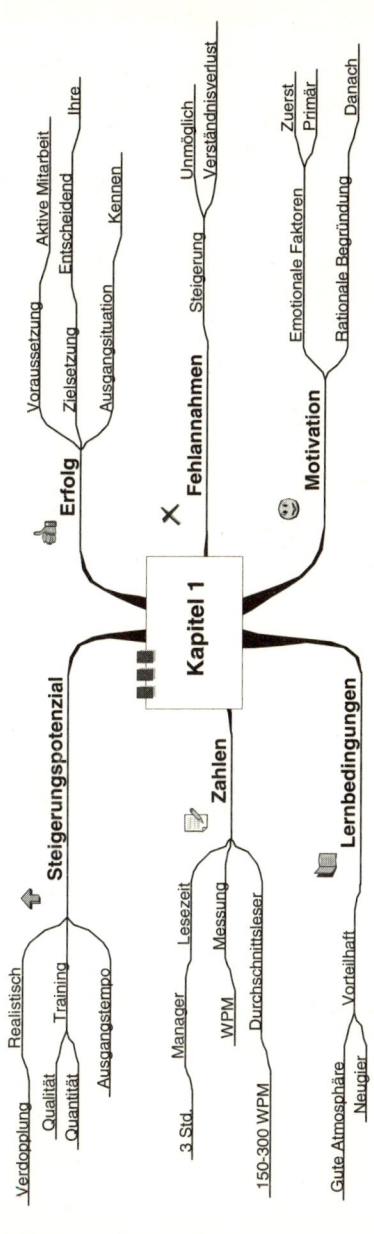

Gedankenlandkarte zu Kapitel 1

Kapitel 2:
Spannende Augenblicke

Das menschliche Auge

Zunächst einmal ist es hilfreich, wenn Sie einige Grundlagen über das menschliche Auge kennen. Das menschliche Auge ist aus evolutionsbedingten Gründen v.a. dafür geeignet, stille Objekte zu beobachten oder solche Gegenstände zu verfolgen, die sich bewegen. Was wir beim Lesen vom Auge verlangen, ist jedoch wiederum etwas anderes. Die Zeilen bewegen sich nämlich nicht und das Auge soll über die Oberfläche dieses stillen Objektes wandern. Das Problem hierbei liegt in der mangelnden Kontrolle über Ihre Augen. Um die Lesegeschwindigkeit und -effektivität zu steigern, brauchen Sie eine stärkere Kontrolle über Ihre Augenbewegungen.

Damit Sie die Augenführung selbst erleben, kommt jetzt der nächste Mitmach-Teil!

Mitmach-Teil Nr. 6 (Kreisform)
Für diese Übung brauchen Sie eine andere Person. Wenn keine andere Person verfügbar ist, können Sie natürlich die Übung auch einfach durchlesen. Ein Nachholen ist in diesem Fall dennoch sinnvoll, weil ein Durchlesen der

Ergebnisse und Schlussfolgerungen das eigene Erleben nicht vollständig ersetzt.

Die Übung funktioniert folgendermaßen: Sie setzen sich der anderen Person gegenüber, so dass Sie sich gegenseitig anschauen können. Jetzt bitten Sie die andere Person, sich mit geöffneten Augen einen *Autoreifen* vorzustellen, der zwischen Ihnen beiden schwebt. Ihr Partner versucht nun mit seinen weiterhin geöffneten Augen die äußere Umrandung des Reifens (das Profil, Anmerkung für Techniker) möglichst kreisrund abzufahren. Während Sie die Augenbewegungen Ihres Partners beobachten, lassen Sie diesen ruhig zwei bis drei langsame Kreisbewegungen durchlaufen. Was sehen Sie? Die Augenbewegung sieht in etwa wie folgt aus:

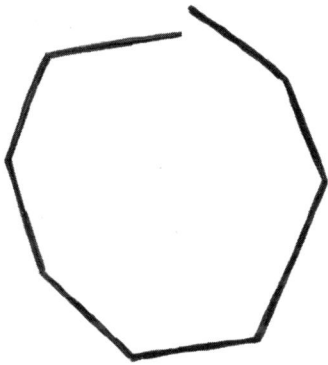

Sie haben höchstwahrscheinlich zwei Dinge festgestellt:

1) Die *Form* nur mit viel Phantasie wirklich kreisförmig.

2) Die Bewegung verläuft nicht gleichmäßig, sondern *ruckartig* und *unkontrolliert*
.

Diese Form und Bewegung liegen nicht daran begründet, dass Ihr Partner irgendein Defizit hat oder untalentiert im Umgang mit runden Objekten ist, sondern an der Funktionsweise des menschlichen Auges. Auch wenn die exakte Form durchaus unterschiedlich ist: Eine auch nur annähernd perfekte, gleichmäßiges Augenführung habe ich bei dieser Übung noch nicht gesehen. Sollten Sie diesbezüglich eine einzigartige Spezies der Gattung Mensch vor sich haben, bitte ich dieses zu berichten.

Als nächstes geben Sie Ihrem Partner eine Unterstützung, indem Sie mit Ihrem Zeigefinger langsam um den imaginären Reifen herumfahren. Ihr Partner *verfolgt* dabei einen bestimmten Punkt auf Ihrem Zeigefinger, z.B. die Fingerspitze. Beobachten Sie hierbei wiederum die Augen Ihres Gegenübers. Was sehen Sie jetzt? Die Augenbewegung sieht nun in etwa wie folgt aus:

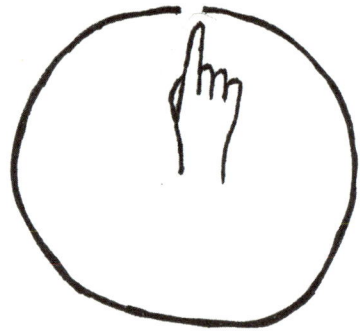

Nun haben Sie höchstwahrscheinlich *zwei Unterschiede* wahrnehmen können: Die Form ist mit deutlich weniger Phantasieeinsatz tatsächlich *kreisförmig*. Außerdem ist die Augenbewegung erheblich *gleichmäßiger* und harmonischer. Es spricht selbstverständlich nichts dagegen, die Übung mit vertauschten Rollen auszuführen. Die Ergebnisse werden vergleichbar sein. Sie nutzen also die Tatsache, dass das menschliche Auge Gegenstände, die sich bewegen, gut verfolgen kann – statt von diesem zu verlangen, dass es sich von alleine steuert. Die entscheidende Erkenntnis aus dieser Übung lautet:

Die Augen lassen sich führen!

Augenkontrolle ist meiner Meinung nach der wichtigste *Erfolgsfaktor* beim PoweReading! Wie kann die obige Erkenntnis genutzt werden, um effektiver zu lesen?

Lesebremser Nr. 1: Rücksprünge

Einer der stärksten *Lesebremser* ist das *Zurückspringen* der Augen im Text. Speziell relativ langsame Leser verlieren viel Zeit, weil Ihre Augen einige Schritte vor und dann wieder einen Schritt zurückwandern. Selbst wenn Ihre Augen nur nach jeder zwanzigsten Augenbewegung einen Schritt zurückwandern, dann brauchen Sie für denselben Text mindestens zehn Prozent länger. Warum? 20 Schritte vor, einen Schritt zurück und wieder einen Schritt vor, nur um wieder an die Stelle zu gelangen, an der das Auge bereits war. Oder das Auge springt sogar auf eine andere Zeile – auch das kostet Zeit.

Neben den beiden zusätzlichen Schritten verlieren Sie weitere Zeit dadurch, dass sich die Augen wieder neu orientieren müssen, um an der richtigen Stelle weiterzulesen. Übrigens springen durchaus viele Leser noch häufiger zurück und verlieren somit noch deutlich mehr Zeit.

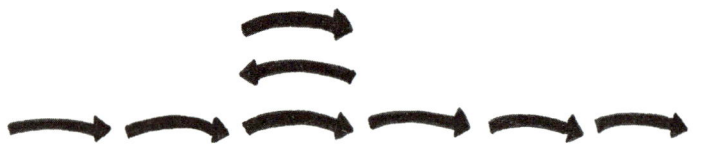

Die häufigste Frage im Zusammenhang mit Rückspringen, auch *Regression* genannt: Führt das Vermeiden von Rücksprüngen nicht zu einem Verständnisverlust? Schließlich springe ich immer nur dann zurück, wenn ich das Gefühl habe, den Text nicht gut aufgenommen zu haben, wird oft argumentiert. Auch wenn sich die Begründung logisch anhört und sicherlich auch beim Lesen entsprechend empfunden wird, stecken zwei Fehlannahmen dahinter. Zum einen sind die meisten Rücksprünge unterbewusste Vorgänge, die auf Gewohnheit zurückzuführen sind. Eine bewusste Entscheidung eine Lesepassage zu wiederholen, wird vor allem am Ende eines Inhaltsabschnittes gefällt, beispielsweise am Ende eines Absatzes oder am Satzende. Die meisten Regressionen finden allerdings mitten im Satz, Satzteil oder sogar mitten im Wort statt – oft auch nach unwichtigeren Wörtern wie bestimmten Artikeln (der, die, das). Zum anderen fördern Rücksprünge, v.a. wenn sie gewohnheitsmäßig und mitten im Satz geschehen, meistens *nicht* das Textverständnis.

Ausführlicheres zum Thema Textverständnis bei zunehmender Geschwindigkeit folgt sowohl noch in diesem als auch im nächsten Kapitel „Texte leicht verstehen".

Wie vermeidet man Rücksprünge?
Allein schon das Bewusstsein und die Aufmerksamkeit in Bezug auf Rücksprünge können zu einer erheblichen Verbesserung führen. Allerdings gibt es eine einfachere Methode als den Kampf zwischen Bewusstsein und Unterbewusstsein. Diese werden Sie gleich kennen lernen. Wie das geht? Weiter unten steht ein Text mit Wörtern, die aus lauter xxxxx bestehen. Ich habe ganz bewusst einen bedeutungslosen Text generiert, damit Sie sich zunächst voll auf die Technik, sprich das Führen der Augen konzentrieren können.

Mitmach-Teil Nr. 7 (Vorwärtsführen)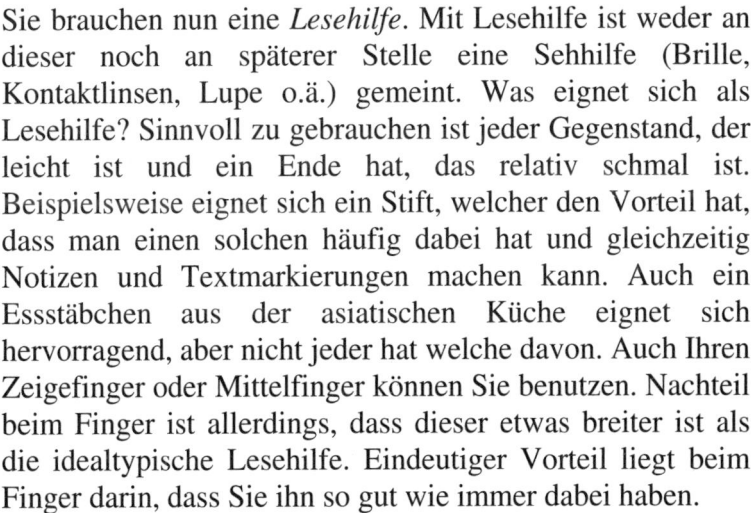
Sie brauchen nun eine *Lesehilfe*. Mit Lesehilfe ist weder an dieser noch an späterer Stelle eine Sehhilfe (Brille, Kontaktlinsen, Lupe o.ä.) gemeint. Was eignet sich als Lesehilfe? Sinnvoll zu gebrauchen ist jeder Gegenstand, der leicht ist und ein Ende hat, das relativ schmal ist. Beispielsweise eignet sich ein Stift, welcher den Vorteil hat, dass man einen solchen häufig dabei hat und gleichzeitig Notizen und Textmarkierungen machen kann. Auch ein Essstäbchen aus der asiatischen Küche eignet sich hervorragend, aber nicht jeder hat welche davon. Auch Ihren Zeigefinger oder Mittelfinger können Sie benutzen. Nachteil beim Finger ist allerdings, dass dieser etwas breiter ist als die idealtypische Lesehilfe. Eindeutiger Vorteil liegt beim Finger darin, dass Sie ihn so gut wie immer dabei haben.

Neben der Form sollten Sie lediglich darauf achten, dass Ihre Lesehilfe keine besonders ablenkenden Farben oder Muster hat, die Ihre Aufmerksamkeit vom Lesetext entfernen würden.

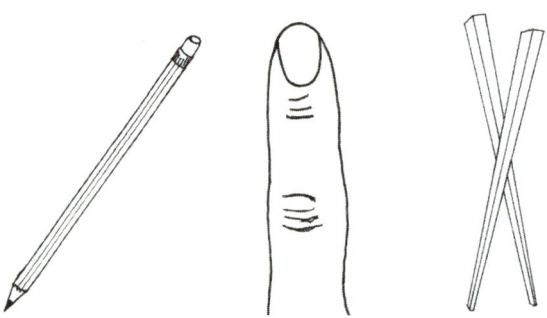

Sie haben jetzt Ihre Lesehilfe zur Hand (oder an der Hand). Im unten stehenden Text – der mit den vielen xxxx (nachfolgend X-Text genannt) – machen Sie Folgendes: Sie fahren mit Ihrer Lesehilfe unterhalb der kompletten Textzeile her, als ob Sie die Zeile vollständig unterstreichen würden und führen somit Ihre Augen. Zur Veranschaulichung sind die ersten drei Zeilen des X-Textes entsprechend unterstrichen. Ihre Lesehilfe führen Sie mit der Geschwindigkeit, mit der Sie auch sonst lesen. Ihre Augen lassen Sie in gleichem Tempo mitwandern. Wichtig ist, dass Sie sich auf das „Geführtwerden" einlassen und Ihren Blick auf dem Text lassen. Am Anfang kann es passieren, dass Sie den Blick teilweise auf Ihre Lesehilfe richten. Das Anschauen der Lesehilfe ist zwar hilfreich, wenn Sie die Lesehilfe studieren wollen, aber für das Textverständnis nicht förderlich. Wichtig ist, dass Sie die Lesehilfe so führen, dass die aktuell zu lesende Zeile in keiner Weise verdeckt wird – also nicht waagerecht. Dies hätte zur Folge, dass entweder der zurückliegende Text oder der nachfolgende Text zugedeckt wäre. Ihr Textverständnis und Ihre Geschwindigkeit könnten darunter leiden. Es kommt bei dieser Übung darauf an, dass Sie die Handbewegung *automatisieren* und die Wörter des Textes sehen.

Übungsschritte:

1) Trainieren Sie zunächst bei diesem X-Text. Alternativ können Sie auch einen anderen Text nehmen und diesen auf den Kopf drehen. Warum sollten Sie zunächst den X-Text nehmen oder einen Text verkehrt herum halten? Damit Sie das Führen der Augen automatisieren und sich zwischenzeitlich keine Sorgen über mangelndes Textverständnis machen.

2) Anschließend nehmen Sie Ihr gut lesbares Buch zur Hand und schlagen eine beliebige Stelle auf. Jetzt machen Sie genau das Gleiche bei einem richtigen Text. Konzentrieren Sie sich zunächst ebenfalls nur darauf, die Augen zu führen und dabei über alle Wörter wandern zu lassen.

3) Sobald Sie Ihre Augen sicher und ohne nachzudenken über die Textzeilen führen können (das funktioniert meistens recht schnell oder sogar sofort), konzentrieren Sie sich stärker auf den Textinhalt. Dieses Führen der Augen üben Sie genau so lange, bis Sie ein Textverständnis haben, das mindestens genauso hoch ist wie sonst.

X-Text:

Xxx xxxxx xxxx Xxxxxxx xxxx, xxx xxxxx Xxxxx xxxxxx xxxx. Xx xxxxx xxxx Xxxxxx xxxx xx Xxxxxx Xxxx xxxxxx xxxx. Xxxx xxxxxx xxxx, xxx xxxxx Xxxx xxxxxx xxxx. Xx xxxxx xxxx xxxxxx xxxx xx xxxxx xxxx xxxxxx xxxx. Xxxxx xxxxxx xxxxx, xxx xxxxx xxxx xxxxxx xxxx. Xx xxxxx xxxx xxxxxx Xxxx xx xxxxx xxxx Xxxxxxx xxxx. Xxxxx xxxxxx xxxxx, xxx xxxxx xxxx xxxxxx xxxx. Xx xxxxx xxxx xxxxxx Xxxx xx xxxxx xxxx Xxxxxxx xxxx. Xxxxx xxxxxx xxxxx, xxx Xxxxx xxxx xxxxxx xxxx. Xx xxxxx xxxx xxxxxx Xxxx xx xxxxx xxxx Xxxxxxx xxxx. Xxxxx xxxxxx xxxxx, xxx xxxxx xxxx xxxxxx xxxx. Xx xxxxx xxxx xxxxxx Xxxx xx xxxxx xxxx Xxxxxxx xxxx. Xx xxxxx xxxx xxxxxx xxxx xx xxxxx xxxx xxxxxx xxxx. Xxxxx xxxxxx xxxxx, xxx xxxxx xxxx xxxxxx xxxx. Xx xxxxx xxxx xxxxxx Xxxx xx xxxxx xxxx Xxxxxxx xxxx. Xxxxx xxxxxx xxxxx, xxx xxxxx xxxx xxxxxx xxxx. Xx xxxxx xxxx xxxxxx Xxxx xx xxxxx xxxx Xxxxxxx xxxx. Xxxxx xxxxxx xxxxx, xxx Xxxxx xxxx xxxxxx xxxx. Xx xxxxx xxxx xxxxxx Xxxx xx xxxxx xxxx Xxxxxxx xxxx. Xxxxx xxxxxx xxxxx, xxx xxxxx xxxx xxxxxx xxxx. Xx xxxxx xxxx xxxxxx Xxxx xx xxxxx xxxx Xxxxxxx xxxx. Xxxxx xxxxxx xxxxx, xxx xxxxx xxxx xxxxxx xxxx. Xx xxxxx xxxx xxxxxx Xxxx xx xxxxx xxxx Xxxxxxx xxxx. Xxxxx xxxxxx xxxxx, xxx Xxxxx xxxx xxxxxx xxxx. Xx xxxxx xxxx xxxxxx Xxxx xx xxxxx xxxx Xxxxxxx xxxx. Xxxxx xxxxxx xxxxx, xxx Xxxxx xxxx xxxxxx xxxx. Xx xxxxx xxxx xxxxxx Xxxx xx xxxxx xxxx. Alles verstanden?

Auch der letzte Schritt gelingt meistens recht schnell. Wenn Ihnen dieses sofort gelingt, haken Sie diese Übung einfach ab und machen weiter. Wenn Ihr Textverständnis zunächst deutlich leidet, üben Sie zunächst einige Minuten. Das Gehirn braucht manchmal eine Weile, um sich an neue Herausforderungen zu *gewöhnen*. Dies hat nichts mit Ihrer Intelligenz zu tun und sollte Sie diesbezüglich nicht zweifeln lassen.

Diese erste Übung dient lediglich dazu, Rücksprünge zu vermeiden. Hierbei gibt es gewöhnlich zwei Kategorien von Erlebnissen. Die eine Hälfte einer Gruppe liest hierdurch schon schneller – meistens zwischen zehn und 20 Prozent, in Ausnahmefällen sogar deutlich schneller. Die andere Hälfte einer Gruppe merkt kaum einen Unterschied oder fühlt sich eher gebremst, d.h. die Augen wandern schneller als die Lesehilfe. Der Grund hierfür liegt darin, dass Ihre Augen gewöhnt sind mit einer bestimmten Geschwindigkeit zu lesen. Da Sie nun unkontrollierte Rücksprünge vermeiden, kommt Ihnen dieses Tempo zu langsam vor. Die offensichtliche Lösung in diesem Zusammenhang besteht darin, die Lesehilfe schneller zu führen. Keine Angst, auch wenn Sie zur zweiten Gruppe gehören, war die Übung nicht vergeblich. Sie haben nämlich gerade das Führen der Augen beim Lesen erlernt und somit die Grundlage für ein erfolgreiches PoweReading gelegt. Und jetzt geht es richtig los!

Ausnutzung der Blickspanne

Mitmach-Teil Nr. 8 (Blickspannentest)
Sie nehmen wieder Ihr Buch zur Hand und schlagen wiederum eine Seite Ihrer Wahl auf. Wählen Sie ein Wort, das sich in etwa in der *Zeilenmitte* befindet und bei dem sich im Idealfall einige relativ kurze Wörter links und rechts befinden. Als nächstes decken Sie den ganzen Bereich links des gewählten Wortes mit Ihrem linken Zeigefinger ab. Den ganzen Bereich rechts von der Zeilenmitte decken Sie mit Ihrem rechten Zeigefinger ab, so dass Ihre beiden Finger aufeinander zeigen, getrennt nur durch eben jenes Wort in der Zeilenmitte. Ich würde übrigens nicht empfehlen, diese Übung mit vertauschten Händen durchzuführen.

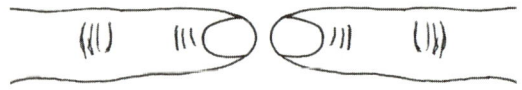

Als nächstes ziehen Sie Ihre beiden Zeigefinger langsam auseinander, so dass nach und nach mehr Text links und rechts des zentralen Wortes sichtbar wird. Ihren Blick lassen Sie jedoch auf das zentrale Wort gerichtet. Testen Sie nun, wie viele Buchstaben bzw. Wörter Sie links und rechts identifizieren können, ohne mit Ihrem Blick vom Zentralwort abzuwandern. Entscheidend ist hierbei nicht die Anzahl der Wörter, die Sie links und rechts entschlüsseln können, sondern die Breite des Bereichs, den Sie auch ohne direkten Fokus gut wahrnehmen können. Ermitteln Sie die Breite des Bereichs auf beiden Seiten des Wortes. Die Maßeinheit kann aus Millimetern, Zentimetern oder auch Finger- bzw. Stiftbreiten bestehen. Wichtig ist nur, dass Sie eine halbwegs genaue Vorstellung der Breite auf beiden Seiten haben. Den kompletten Bereich, d.h. die Breite des Zentralwortes plus die Bereiche links und rechts nennt man *Blickspanne*. Typischerweise können Teilnehmer links und rechts des Zentralwortes jeweils einen bis anderthalb Zentimeter bequem wahrnehmen und besitzen somit eine Blickspanne von drei bis fünf Zentimetern.

Sie sind also in der Lage, Buchstaben bzw. Wörter zu erkennen und aufzunehmen, die Sie gar nicht direkt angeschaut haben. Dennoch haben Sie diese Wörter gelesen. Dies wird ermöglicht durch Ihr sog. *peripheres Seh-vermögen*, das sogar noch weit über die Blickspanne hinausgeht.

Was bedeutet diese Erkenntnis in Bezug auf unser Leseverhalten und wie können wir sie nutzen? Ganz einfach: Angenommen, Ihre Blickspanne ist drei Zentimeter breit. Dann können Sie eine Zeile *vollständig* lesen, auch wenn Sie Ihre Augen nicht über die gesamte Zeile führen. Sie können Ihre Lesegeschwindigkeit erheblich steigern, indem Sie die äußeren anderthalb Zentimeter der Zeile einsparen. Wohlgemerkt, Sie lesen alles! Nur Ihre Augen sparen insgesamt drei Zentimeter *Wegstrecke* ein. Wenn die Zeile zehn Zentimeter breit ist, dann führen Sie Ihr Augen lediglich von Zentimeterpunkt 1,5 bis Zentimeterpunkt 8,5 jeder Zeile, d.h. über eine Strecke von sieben Zentimetern statt zehn. Selbst wenn Sie Ihre Augen nicht schneller führen (dazu kommen wir in Kapitel 4), dann haben Sie in diesem Beispiel eine Steigerung von grob 42,85714 Prozent erzielt (zehn durch sieben, minus eins). Wenn Ihre Blickspanne vier Zentimeter breit ist, führen Sie Ihre Augen lediglich von Zentimeterpunkt zwei bis Zentimeterpunkt acht. Damit sind Sie dann erstaunliche 66,66667 Prozent schneller (um ähnlich präzise zu sein wie beim vorangegangenen Beispiel)!

Mitmach-Teil Nr. 9 (Wegstreckensparen)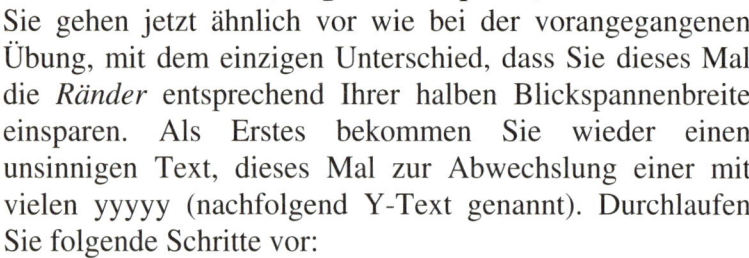

Sie gehen jetzt ähnlich vor wie bei der vorangegangenen Übung, mit dem einzigen Unterschied, dass Sie dieses Mal die *Ränder* entsprechend Ihrer halben Blickspannenbreite einsparen. Als Erstes bekommen Sie wieder einen unsinnigen Text, dieses Mal zur Abwechslung einer mit vielen yyyyy (nachfolgend Y-Text genannt). Durchlaufen Sie folgende Schritte vor:

1) Sie führen Ihre Augen zunächst über den Y-Text bis Ihre Hand- und Augenbewegungen automatisiert ablaufen und Sie sich nicht mehr bewusst auf diese Änderung konzentrieren müssen. Die Lesehilfenführung ist auf den ersten drei Zeilen wieder bildlich dargestellt.

2) Nehmen Sie Ihr leicht lesbares Buch zur Hand und führen Ihre Augen wie oben beschrieben diesmal über einen echten Lesetext. Zunächst ist wiederum wichtig, dass Ihre Augen alle Wörter wahrnehmen. Konzentrieren Sie sich zunächst ausschließlich darauf, dass Ihre Augen alle Wörter aufnehmen. Textverständnis ist erst im nächsten Schritt wichtig.

3) Da das Führen der Augen Ihnen nun keine oder zumindest kaum noch Aufmerksamkeit abverlangt, konzentrieren Sie sich unter Beibehalten der Augenführung auf den Textinhalt.

Y-Text:

Yyy yyyyy yyyy Yyyyyy yyyy, yyy yyyyy Yyyyy yyyyyy yyyy. Yy yyyyy yyyy Yyyyy yyyy yy Yyyyyy Yyyy yyyyyy yyyy. Yyyy yyyyyy yyyy, yyy yyyyy Yyyy yyyyyy yyyy. Yy yyyyy yyyy yyyyyy yyyy yy yyyyy yyyy yyyyyy yyyy. Yyyy yyyyyy yyyyy, yyy yyyyy yyyy yyyyyy yyyy. Yy yyyyy yyyy yyyyyy Yyyy yy yyyyy yyyy Yyyyyy yyyy. Yyyy yyyyyy yyyyy, yyy yyyyy yyyy yyyyyy yyyy. Yy yyyyy yyyy yyyyyy Yyyy yy yyyyy yyyy Yyyyyy yyyy. Yyyy yyyyyy yyyyy, yyy Yyyyy yyyy yyyyyy yyyy. Yy yyyyy yyyy yyyyyy Yyyy yy yyyyy yyyy Yyyyyy yyyy. Yyyy yyyyyy yyyyy, yyy yyyyy yyyy yyyyyy yyyy. Yy yyyyy yyyy yyyyyy Yyyy yy yyyyy yyyy Yyyyyy yyyy. Yyyy yyyyyy yyyy, yyy yyyyy Yyyy yyyyyy yyyy. Yy yyyyy yyyy yyyyyy yyyy yy yyyyy yyyy yyyyyy yyyy. Yyyyy yyyyyy yyyyy, yyy yyyyy yyyy yyyyyy yyyy. Yy yyyyy yyyy yyyyyy Yyyy yy yyyyy yyyy Yyyyyy yyyy. Yyyyy yyyyyy yyyyy, yyy yyyyy yyyy yyyyyy yyyy. Yy yyyyy yyyy yyyyyy Yyyy yy yyyyy yyyy Yyyyyy yyyy. Yyyyy yyyyyy yyyyy, yyy Yyyyy yyyy yyyyyy yyyy. Yy yyyyy yyyy yyyyyy Yyyy yy yyyyy yyyy Yyyyyy yyyy. Yyyyy yyyyyy yyyyy, yyy yyyyy yyyy yyyyyy yyyy. Yy yyyyy yyyy yyyyyy Yyyy yy yyyyy yyyy Yyyyyy yyyy. Yyyy yy yyyyy yyyy Yyyyyy yyyy. Yyyyy yyyyyy yyyyy, yyy Yyyyy yyyy yyyyyy yyyy. Yy yyyyy yyyy yyyyyy Yyyy yy yyyyy yyyy Yyyyyy yyyy. Yyyyy yyyyyy yyyyy, yyy yyyyy yyyy yyyyyy yyyy. Yy yyyyy yyyy yyyyyy Yyyy yy yyyyy yyyy Yyyyyy yyyy. Yyyyy yyyyyy yyyyy, yyy yyyyy yyyy yyyyyy yyyy. Wieder alles verstanden?

Lesen Sie mit dieser neuen Lesetechnik mehrere Seiten, am besten gleich ein ganzes Kapitel oder sogar ein ganzes Buch. Dies ist die Grundlage für weitere Steigerungen!

Wenn es Ihnen schwer fällt, den Textstreifen links und rechts auszulassen, können Sie auch (als vorübergehende Hilfestellung) einen senkrechten Strich auf beiden Seiten zeichnen. Die beiden senkrechten Striche wären bei einer Blickspanne von drei Zentimetern jeweils 1,5 Zentimeter vom Textrand entfernt. Die Randbereiche vollständig abzudecken wäre keine sinnvolle Lösung, da Sie dann die äußeren Wörter nicht aufnehmen würden, und Ihr Textverständnis würde mit ziemlicher Sicherheit darunter leiden. Vielleicht fragen Sie sich bei Erklärungen wie derjenigen im letzten Satz, ob ich Sie für dumm halte. Keineswegs! Der Grund für die teilweise sehr ausführlichen Erklärungen liegt vor allem darin, dass es durch ein Buch (anders als im Seminar) keine Möglichkeit gibt Fragen zu beantworten oder einmal entstandene Missverständnisse aufzuklären. Deshalb versuche ich möglichst viele Aspekte schon im Vorhinein ausführlich zu behandeln, auch wenn viele davon vielleicht offensichtlich sind. Meiner Meinung nach ist eine gute Erklärung dadurch gekennzeichnet, dass Sie äußerst leicht nachvollziehbar und möglichst einleuchtend ist.

Zurück zum PoweReading: Sie sollten mindestens solange mit dieser Technik üben, bis Ihr Textverständnis bei diesem höheren Tempo *genauso hoch* ist wie sonst auch. Bei einigen Lesern fällt das Textverständnis überhaupt nicht ab, bei vielen nur geringfügig und lediglich für einige Minuten. Sollte Ihr Textverständnis deutlich gelitten haben, dann ist das Üben natürlich noch wichtiger. In den meisten Fällen stellt sich der Verständniserfolg nach einigen Minuten ein.

Sollte das hartnäckige Üben (damit meine ich mehrere Versuche von mindestens fünf Minuten) wider Erwarten nicht zum Erfolg führen, rate ich Ihnen, schon jetzt das nächste Kapitel „Texte leicht verstehen" zu bearbeiten. Wenn Ihr Verständnis des Textes nicht gesunken ist, umso besser. Dennoch empfehle ich, diese Technik in mehreren, mindestens viertelstündlichen Einheiten zu festigen. Wenn Ihnen beim Golfspielen ein bestimmter Schlag mehrfach gelingt, ist das selbstverständlich ein schöner Erfolg. Um diesen Schlag jederzeit sicher abrufen zu können, ist eine gewisse Übungs- und Festigungszeit notwendig.

Ich betone die Übungzeit an dieser Stelle aus einem einfachen Grund: Sie ist *wichtig*! Diese Technik können Sie natürlich auch an verschiedenen Texten üben. Experimentieren Sie mit verschiedenen Spaltenbreiten, z.B. großformatigen Büchern, Zeitungen, Zeitschriften. Ist Ihnen schon bewusst geworden, dass Ihre Geschwindigkeitssteigerung bei schmaleren Zeilen noch höher ist? Der Anteil der eingesparten Wegstrecke ist entsprechend höher. Den überwiegenden Anteil Ihrer Übungszeit sollten Sie in diesem Stadium allerdings mit Büchern verbringen, damit Sie Ihre *horizontale Augenbewegung* trainieren. Als interessierter Leser fragen Sie sich, wie lange Sie üben sollten, bevor Sie weitermachen? Meine Empfehlung: Mindestens zweimal eine Viertelstunde.

Das Textverständnis ist spätestens nach einigen wenigen Übungsphasen meistens gleich hoch oder sogar höher. Mehr verstehen, obwohl man schneller liest? Wie soll das funktionieren? Lesen Sie weiter…

Die Bedeutung der Schlüsselwörter

Entscheidend für das Textverständnis sind primär die *Schlüsselwörter*. Welche Wörter sind Schlüsselwörter? Es sind diejenigen Wörter, die für das Textverständnis besonders wichtig sind. Nach der letzten Antwort sind Sie höchstwahrscheinlich nicht viel schlauer als vorher auch. Um die Wichtigkeit der Schlüsselwörter zu verdeutlichen, betrachten Sie folgende Sätze:

Dieser **Absatz** ist ausschließlich auf dieser Seite **abgedruckt**, damit Sie ein **feineres Gespür** dafür bekommen, welche Wörter **Schlüsselwörter** sind und **welche nicht**. Häufig sind **30 %** der **Wörter**, die in einem Text vorkommen vollkommen **ausreichend** um den Text **vollständig** zu **verstehen**.

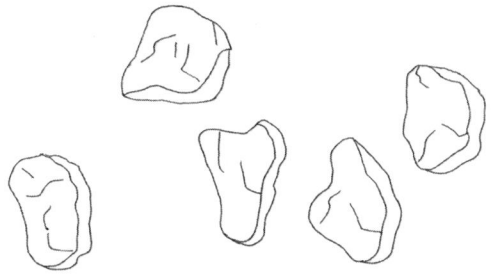

Der obige Absatz besteht aus 40 Wörtern, wovon zwölf fett gedruckt sind. Stellen Sie sich das Durchlesen eines Textes wie die Durchquerung eines Flusses vor. Im Fluss befinden sich viele Gesteinsbrocken. Manche sind so groß, dass Sie aus dem Wasser herausragen, andere bleiben vollständig unter der Wasseroberfläche verborgen. Um möglichst effektiv auf die andere Seite zu gelangen, konzentrieren Sie sich natürlich auf die nützlicheren Gesteinsbrocken, die herausragen. Wenn diese zu weit auseinander liegen, dann werden Sie es schwerer haben, die Lücke zum jeweils nächsten Stein zu überbrücken. Sich mit den niedrigeren Gesteinsbrocken aufzuhalten wäre sogar kontraproduktiv. Die nützlicheren Gesteinsbrocken sind die Schlüsselwörter (des Fließtextes sozusagen). Wenn die Schlüsselwörter bei der geistigen Verarbeitung *zu weit auseinander* liegen, wird Ihr Gehirn es ebenfalls schwerer haben, die Lücken zu schließen. Eine unnötig hohe Aufmerksamkeit auf die unwichtigeren Wörter zu verschwenden, wäre für Ihr Textverständnis ebenso kontraproduktiv.

Vielleicht haben Sie schon mal ein Kind beobachtet, das Mühe hat, ganze Wörter zügig zu lesen. Nach einiger Zeit und Mühe schafft das Kind dann schließlich (Buchstabe für Buchstabe) den ganzen Satz. Am Ende des Satzes angekommen hat das Kind zwar den Satz gelesen, aber keine Ahnung worum es in dem Satz ging. Dieselbe Gefahr besteht bei relativ langsamem Lesen und einer fehlenden Konzentration auf Schlüsselwörter. In Kapitel 3 „Texte leicht verstehen" werden Sie u.a. lernen, Schlüsselwörter möglichst schnell zu identifizieren.

Standortbestimmung

Sie haben die Augenführung mehrfach anhand längerer Lesepassagen geübt. Jetzt ist es an der Zeit, dass Sie sich klar darüber werden, was Sie jetzt schon erreicht haben.

Mitmach-Teil Nr. 10 (Lesetest)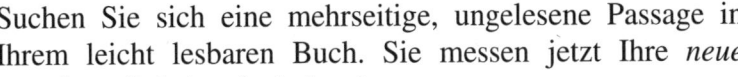
Suchen Sie sich eine mehrseitige, ungelesene Passage in Ihrem leicht lesbaren Buch. Sie messen jetzt Ihre *neue Geschwindigkeit* wie beim letzten Mal über zwei Minuten. Der einzige Unterschied besteht darin, dass Sie jetzt mit einer effektiveren Technik lesen. Sie sollen nicht so schnell über die Zeilen fliegen, dass Sie nichts mehr verstehen. Aber Angst vor einer wesentlich höheren Geschwindigkeit sollten Sie (wenn  vorhanden) möglichst ablegen. Sie nehmen in der Regel mehr auf, als Sie sich zutrauen. Viel Spaß und los geht's!

Alternativ können Sie natürlich wieder eine unseren Lesetexte im Internet verwenden unter:

www.peoplebuilding.de/lesetests

Willkommen zurück! Sie haben den Anfang und das Ende des Lesepensums, das Sie in den zwei Minuten absolviert haben, markiert. Sie wissen auch sicher noch, wie Sie Ihre neue WPM-Geschwindigkeit ermitteln. Tragen Sie in großen Zahlen unter diesem Absatz (und gerne auch in die Fortschrittstabelle im Anhang) Ihr neues Lesetempo ein.

Jetzt lese ich mit   **WPM**

Mein Fortschritt beträgt   **%**

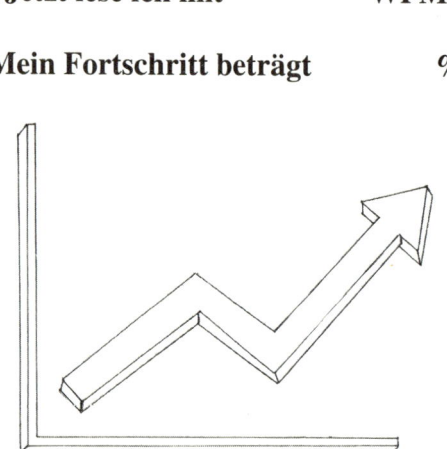

Herzlichen Glückwunsch! Sie haben Ihre Lesegeschwindigkeit in den vergangenen Minuten deutlich gesteigert. Die meisten Leser schaffen bis hierhin, wenn sie die Übungen tatsächlich durchgeführt haben, eine Steigerung von ca. 50 Prozent. Das nenne ich *Fortschritt*! Sollte Ihr Fortschritt noch höher liegen, ist dies noch erfreulicher. Sollten Sie darunter liegen, ist dies kein Grund zur Aufgabe. Für jede Person sind weitere Steigerungen möglich. Egal, wie hoch Ihre Steigerung ist, freuen Sie sich über Ihre Schritte in Richtung Ihrer persönlichen Ziele.

Mitmach-Teil Nr. 11 (Zielerreichungsgrad)

Ermitteln Sie, welchen Anteil Ihrer angestrebten Steigerung Sie jetzt schon erreicht haben. Schauen Sie sich noch einmal die eingangs aufgeschriebenen Vorteile bzw. Vorteilsketten an. Seien Sie stolz darauf, jetzt schon einen wesentlichen Anteil der Fähigkeiten zu besitzen, die Ihnen zu diesen Vorteilen verhelfen werden. Holen Sie sich durch diese Vorteile die nötige *Motivation*, die nächsten Schritte auf dem Wege der (Lese-)Zielrealisierung zu beschreiten.

Wenn Sie Ihre Zielgeschwindigkeit bereits realisiert haben, dann haben Sie *zwei Möglichkeiten*: Entweder Sie geben sich mit dem Erreichten zufrieden und wenden einfach weiterhin die gemeisterten Techniken auf Ihr normales Lesenpensum an – oder Sie steigern weiter. Ja, das ist möglich! Sollten Sie skeptisch sein: Meine Seminarteilnehmer glauben i.d.R. bei jeder Messung die Grenze erreicht zu haben. Ich liebe es, positiv zu überraschen...

Der Schlüssel zu weiteren Steigerungen wird ist erster Linie wiederum Ihre Lesehilfe sein. Warum werden eigentlich Lesehilfen nur vergleichsweise selten eingesetzt? Gerade in der Schule heißt es oft, die Kinder sollten ohne die Zuhilfenahme ihres Fingers lesen. Eine solche Forderung resultiert sicher nicht aus Böswilligkeit, sondern lediglich aus Unwissenheit heraus. Die natürliche und effektive Funktionsweise der Augen beim Verfolgen eines sich bewegenden Gegenstands wird verhindert und behindert gleichzeitig den Lesefortschritt. Wie auch in vielen anderen Situationen können Erwachsene hierbei vom intuitiven Verhalten von Kindern lernen. Auch die meisten Erwachsenen benutzen gelegentlich ihren Finger zur

Unterstützung des Lesevorgangs. Oder haben Sie noch nie beim Suchen in einer Liste, beispielsweise im Telefonbuch, mit ihrem Finger gearbeitet? Warum sollte diese Vereinfachung nicht auch beim sonstigen Lesen eingesetzt werden?

Übrigens hat eine Lesehilfe noch zwei weitere Vorteile:

1) Ihre Augen werden nicht nur schneller über die Zeilen geführt, sondern auch zielsicherer zur *nächsten Zeile* (Sie erinnern sich an die Kreisübung?). Die meisten Leser verlieren hierbei zwar nur unwesentlich viel Zeit, manche aber eine spürbare Menge.

2) Ihr Gehirn arbeitet durch eine Lesehilfe *ganzheitlicher*: Zusätzlich zum linearen, schrittweisen Lesen, für welches primär die linke Gehirnhälfte verantwortlich ist, kommt noch ein Rhythmus-Element hinzu. Rhythmus beansprucht vor allem die rechte Gehirnhälfte. Die Vorteile einer ganzheitlichen Textbearbeitung werden im Kapitel 7 „Super-Gedächtnis" detaillierter analysiert.

Die Blickspanne erweitern

Wie kann die Geschwindigkeit noch weiter gesteigert werden? Sie können Ihre *Blickspanne verbreitern* und Sie können Ihre Augen *schneller führen*. Die Einzelfähigkeiten in Bezug auf Ihre Blickspanne auf der einen Seite und Ihre Erkennungsgeschwindigkeit (Erklärung im nächsten Absatz) auf der anderen sind vielfach nicht vollständig zu trennen. Es könnte also passieren, dass Sie in diesem Kapitel aus Versehen schon Ihre Erkennungsgeschwindigkeit steigern, auch wenn das Hauptaugenmerk auf die Blickspanne gerichtet ist. Umgekehrt könnte es versehentlich geschehen, dass Sie im Kapitel 4 „Turbo-Geschwindigkeit" neben dem Hauptzweck, nämlich Ihre Erkennungsgeschwindigkeit zu steigern, auch Ihre Blickspanne weiter steigern. In der Annahme, dass Sie mit diesem doppelten Übungseffekt leben können, geht es nun mit erneuten Steigerungen weiter.

Mit Erkennungsgeschwindigkeit ist die Weiterentwicklung der folgenden Fortschritte gemeint: Ein Kind lernt anfangs (wenn es nicht nach der Ganzwortmethode unterrichtet wird) das Erkennen einzelner Buchstaben. Im Laufe der Zeit ist das Kind in der Lage, zunehmend längere Buchstabenkombinationen zu identifizieren, bis es schließlich viele Wörter so schnell erkennen kann wie früher einen einzelnen Buchstaben. Wer glaubt, dass die Erkennungsgeschwindigkeit nicht weiter gesteigert werden kann (längere Wörter und ganze Wortgruppen), schafft imaginäre Grenzen.

Wenn es möglich ist, die Blickspanne auch nur um einen halben Zentimeter zu verbreitern, dann steigt die Lesegeschwindigkeit nochmals um ca. fünf Prozent – bei 300 WPM also immerhin 15 WPM mehr. Wären weitere Steigerungen ein Problem für Sie? Nein? Gut! Sie sehen auf der nächsten Seite einige Wörter, die nach Ihrer Buchstabenzahl aufsteigend geordnet sind. Diese Sammlung nenne ich die *Blickspannentanne*, weil es inhaltlich um die Blickspanne geht und diese Zeilen um die Weihnachtszeit herum geschrieben wurden. Das einbuchstabige Wort musste aus der englischen Sprache ausgeliehen werden, da mir in der deutschen Sprache kein Wort mit dieser Anzahl von Buchstaben bekannt ist.

Jetzt brauchen Sie nicht nur dieses Buch, sondern auch ein Blatt Papier oder ein dünnes Stück Karton bzw. Pappe. Ich missbrauche zu Demonstrationszwecken bei dieser Übung gerne die Visitenkarte meiner Geschäftspartner, würde aber bei dieser Version empfehlen, vorher die Zustimmung einzuholen – speziell in einigen anderen Kulturkreisen (das Ritual der Visitenkartenüberreichung mit beiden Händen als Zeichen besonderer Wertschätzung besitzt in einigen Ländern eine hohe Bedeutung). Bei einem Blatt Papier kann es sinnvoll sein, dieses zu falten, damit man nicht hindurchschauen kann und das Blatt handlicher wird. Jetzt decken Sie zumindest den oberen Teil der Blickspannentanne ab, möglichst ohne die Wörter schon zu lesen. Dann decken Sie (von oben beginnend) jeweils eine einzelne Zeile *blitzartig* auf und wieder zu und versuchen, das Wort in der Zwischenzeit zu erkennen. Wichtig ist, dass das Aufdecken so kurz wie möglich ist. Die Bewegung sollte ruckartig sein und das Wort nur für einen Bruchteil einer Sekunde sichtbar werden lassen. Nach dem blitzartigen Aufdecken kontrollieren Sie, ob Ihre Wahrnehmung auch wirklich dem abgedruckten Wort entspricht. Die Buchstabenzahl und somit die Breite der Wörter nimmt immer weiter zu. Sie arbeiten sich jetzt zeilenweise vor und zwar bis zu dem Punkt, an dem Ihnen zum ersten Mal ein Wort Schwierigkeiten bereitet. In diesem Schritt geht es darum, das für Sie persönlich richtige Einstiegsniveau für die nachfolgende Übung zu finden. Los geht's!

Mitmach-Teil Nr. 12 (Blickspannentanne)

I
Ja
Heu
Auto
Pokal
Bypass
Massage
Kalender
Handschuh
Schokolade
Hängematten
Hochhausturm
Schizophrenie
Feuerwehrwagen
Außentemperatur
Grundlagenwissen
Flughafenautobahn
Volkshochschulkurs
Amazonasureinwohner
Urlaubsbeschäftigung
Rennstreckenabschnitt
Benutzerfreundlichkeit
Haftpflichtversicherung
Zebrastreifenüberquerung
Halbzeitpausenbesprechung

Bei dieser Übung gibt es drei Bereiche, die von Person zu Person an unterschiedlichen Stellen (d.h. Wortlängen) ineinander übergehen:

1) Den Anfangsbereich, in dem die Wörter selbst in einem Bruchteil der Sekunde *keine* Erkennungsschwierigkeiten bereiten.

2) Den Mittelbereich, in dem einige Wörter erkannt werden und manche nicht oder nur *fast richtig* gesehen werden.

3) Den Bereich, in dem die Wörter *nicht* erkannt werden. Hierbei gibt es manchmal vereinzelte Ausnahmen, wenn der Begriff zufällig einer ist, der Ihnen sehr geläufig ist. Als langjähriger Versicherungsmakler haben Sie das Wort Haftpflichtversicherung in der Regel schon einige tausend Male gelesen.

Entscheidend ist das erste Wort, bei dem Sie auch nur den geringsten Zweifel hatten, ob Sie es richtig erkannt haben, d.h. der Übergang zwischen dem Anfangs- und Mittelbereich. Zählen Sie bei diesem Wort die Anzahl der Buchstaben. Für viele Leser ist dies irgendwo zwischen Handschuh und Feuerwehrwagen. Angenommen, das Wort Hängematten war das erste, bei dem Sie nicht ganz sicher waren, z.B. ob es Hängematte oder Hängematten lautete. Das Wort Hängematten hat elf Buchstaben. Davon ziehen Sie jetzt drei ab – ergibt in diesem Beispiel acht. Dann starten Sie bei der nächsten Übung mit den Wörtern, die acht Buchstaben lang sind. Der Grund für das Abziehen von drei (Buchstaben) liegt darin, dass Sie mit einer Breite beginnen sollten, die Sie sicher beherrschen. Bei einer allmählichen Steigerung von einem sicheren Terrain aus kommen Sie gewöhnlich weiter, als wenn Sie direkt eine neue Bestleistung anstreben. Gönnen Sie sich eine Aufwärmphase!

Mitmach-Teil Nr. 13 (Erkennungstempo Nr. 1)

Auf den nachfolgenden Seiten finden Sie Wortlisten, jeweils zehn Wörter für jede Buchstabenzahl zwischen zwei und 20. Die zweibuchstabigen Kombinationen sind teilweise keine echten Wörter. Die besonders langen Wörter sind natürlich wahre Hauptwortmonster, die vielfach auch nicht zum gewöhnlichen Sprachgebrauch gehören. Starten Sie mit der Buchstabenzahl, die Sie vorhin ausgerechnet haben. Sie gehen dann beispielsweise die Wörter mit acht Buchstaben genauso durch wie bei der Blickspannentanne. Die anfängliche Wortlänge wird recht einfach sein. Anschließend gehen Sie über zur nächst höheren Buchstabenzahl (in diesem Beispiel neun) und üben daran. Irgendwann kommt der Punkt, an dem Sie nicht mehr alle Wörter auf Anhieb erkennen. Der Anteil der Wörter, der Ihnen entgeht, wird zunehmen. Trainieren und steigern Sie aber dennoch weiter, wenn Sie möchten bis zum Ende. Versuchen Sie dabei möglichst viel aufzunehmen und glauben Sie auch daran, dass Sie Fortschritte machen. Durch dieses *systematische Über-Training* werden Sie tatsächlich Fortschritte machen.

Ei	Fee	Brei	Pferd
Au	Kuh	Floh	Geige
Hi	Hai	Bach	Sauna
Za	Ruh	Ente	Stift
Je	Gau	Hoch	Anruf
Ro	Rei	Seil	Seife
Gu	Hau	Bunt	Fisch
Jh	Muh	Dach	Regen
Ak	Abi	Zaun	Stoff
Al	Hut	Bild	Viktor

Wasser	Ohrring	Kanister
Reifen	Klavier	Lichtung
Wetter	Theorie	Hochhaus
Sommer	Kirsche	Tastatur
Ananas	Rechner	Waldrand
Silber	Rotkohl	Eiskreme
Lineal	Vogelei	Aprikose
Strand	Goliath	Wahlfach
Mantel	Fahrrad	Rhetorik
Risiko	Unkraut	Signatur

Studenten	Bildschirm
Luftblase	Quecksilber
Spinnerei	Pflichtfach
Apfelkern	Streitwert
Rotbarsch	Reihenhaus
Spiegelei	Rahmspinat
Hebebühne	Resturlaub
Vorgarten	Feinheiten
Gutenberg	Landkarten
Baumstamm	Notizblock

Ballwechsel
Reihenfolge
Schnurrbart
Stammkneipe
Steuerkarte
Häuserreihe
Raumplanung
Schweinemast
Wildwechsel
Schatzsuche

Naturerlebnis
Vogelscheuche
Allradantrieb
Lauschangriff
Weiterbildung
Seitenwechsel
Datenautobahn
Hochzeitsrede
Sonntagsmesse
Hühnereilegen

Lokomotivführer
Lohnsteuerkarte
Trainingseffekt
Projektgeschäft
Garageneinfahrt
Mittelmeerküche
Hauptdarsteller
Logistikkonzept
Olivenölextrakt
Seminarprogramm

Rechtsschutz
Hauptgericht
Informatiker
Versicherung
Aufschlagass
Theaterstück
Niederschlag
Speisekarten
Winterreifen
Geistesblitz

Innenarchitekt
Taschenrechner
Talentsichtung
Jahresergebnis
Verkaufserlöse
Rahmenprogramm
Traktoreinsatz
Risikostreuung
Terminkalender
Fernsehapparat

Gelegenheitskauf
Geburtstagstorte
Haushaltsführung
Richtungswechsel
Thermometerstand
Haushaltsdefizit
Gewinnverwendung
Wettervorhersage
Höhenunterschied
Bühnenaufführung

Weihnachtsstollen
Temperaturanzeige
Rahmenbedingungen
Sauerstoffflasche
Datenverarbeitung
Silikonimplantate
Weinflaschenregal
Kühlschrankinhalt
Handtuchhalterung
Heizkörperbreiten

Erwachsenenbildung
Ernährungspyramide
Autobahnraststätte
Schreibtischarbeit
Halbjahresergebnis
Mehrwertsteuerhöhe
Rasenmäherfangkorb
Computerbildschirm
Nationalmannschaft
Sicherheitsschloss

Infrarotübertragung
Briefmarkensammlung
Höhentrainingslager
Systemprogrammierer
Versicherungsschutz
Vorbesprechungsraum
Arbeitsvorschriften
Lesegeschwindigkeit
Programmkonferenzen
Bilanzierungsregeln

Reagenzglasfüllmenge
Überlebenskünstler
Ernährungsgewohnheit
Laborexperimentratte
Fließbandherstellung
Schlüsselanfertigung
Birkenholzmöbelstück
Kategoriebezeichnung
Pizzataxiauslieferer
Buchstabenhäufigkeit

Nachdem Sie diese Übung durchgeführt haben, geht es mit der Anwendung auf einen echten Lesetext weiter. Nehmen Sie wieder Ihr leicht lesbares Buch zur Hand und versuchen Sie, wiederum einige Millimeter mehr als zuvor einzusparen. Üben Sie mindestens dreimal fünf Minuten am Stück und versuchen Sie bei jeder fünfminütigen Einheit wiederum einige zusätzliche Millimeter einzusparen. Wenn Sie zeitweise das Gefühl haben, dass Ihr Textverständnis leicht absinkt, ist dies völlig in Ordnung. Dieses wird sich nach kurzer Zeit bereits wieder normalisieren. Fordern Sie

Ihre Augen und Ihr Gehirn heraus, aus der eigenen *Komfortzone* herauszutreten. Sollte der Verständnisverlust auch nach einigen Übungseinheiten weiterhin signifikant sein, war die Einsparung vermutlich für das aktuelle Stadium zu groß. Arbeiten Sie dann einfach mit einer kleineren Einsparung weiter.

Tipp zum *Weiterüben*: Sie können Übungsvorlagen selber erzeugen. Am leichtesten funktioniert dies, indem Sie ein längeres Textdokument nehmen und die Seitenbreite solange reduzieren, bis sie dem gewünschten Anforderungs-niveau entspricht. Der einzige Nachteil gegenüber der obigen Liste besteht darin, dass bei Blocksatz teilweise mehrere Leerzeichen entstehen. Wenn Sie diese Tatsache einkalkulieren und entsprechend verbreitern, sollten Sie mit wenig Aufwand eine brauchbare Übungsgrundlage haben. Sehr effektiv kann es sein, wenn Sie nach Leseeinheiten von ca. einer Viertelstunde immer wieder Blickspannenübungen durchführen.

Mittlerweile haben wir bei Peoplebuilding eine elektronische Lösung zur Verbesserung der Blickspanne entwickelt: Einer von fünf Teilen des PoweReading-Automatic-Trainers (100-Euro-Gutschein anwendbar!) beinhaltet ausschließlich automatisch ablaufende Einblendungen zunehmend größerer Textmengen. Die Einblenddauer ist so konzipiert, dass nur eine einzige Augenfixierung physisch möglich ist. Dies garantiert Ihren Fortschritt.

Sie steigern Ihr Lesetempo weiter, indem Sie immer wieder ein paar *weitere Millimeter* am linken und rechten Textrand einsparen. Lesen Sie in Bezug auf die Wegstrecken, die Ihre Augen abdecken, möglichst immer in der Nähe Ihres aktuellen Limits. Pushen Sie sich, Ihre Augen und Ihr Gehirn immer einen kleinen Schritt weiter – auch ein einzelner Millimeter lohnt sich schon. In der Addition über Hunderte und Tausende von Zeilen kommt eine beträchtliche Zeitersparnis zusammen.

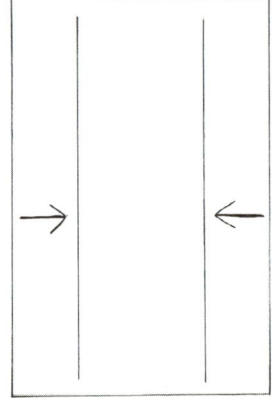

Früher oder später werden Sie folgenden Punkt erreichen: Die Aufnahmefähigkeit Ihrer Augen ist so gut trainiert, dass Sie Texte mit einer relativ geringen Zeilenbreite (v.a. Zeitungen und Zeitschriften) mit einem einzigen Blick, auch Fixierung genannt, pro Zeile lesen. Ihre Augen wandern also mehr vertikal als horizontal über den Text, sprich den Text hinunter. Dieses Resultat ist schön und auch erwünscht. Dennoch sollten Sie darauf achten, dass Sie Ihr *Geschwindigkeitstraining* primär an breiteren Texten ausführen. Sonst besteht die Gefahr, dass Sie sich eine schlechte *Technik* angewöhnen, die zu Lasten Ihres Textverständnisses und Ihrer weiteren Steigerungsmöglichkeiten geht.

Dieses ist ähnlich wie beim Erlernen einer neuen Sportart wie z.B. Tennis. Wenn Sie ohne das schrittweise Erlernen einer sauberen Technik einfach spielen, dann werden Sie im besten Fall einige schnelle, spektakuläre Punkte erzielen. Um sich über mittelmäßiges Niveau hinaus weiter zu steigern, bedarf es einer Technikverbesserung, die deutlich mühsamer sein kann als der anfangs vermeintlich schwerere Weg.

Wie gewöhnen Sie sich beim Lesen eine saubere Technik an? Für Ihr Lesetraining bedeutet dies nicht, dass Sie das Vertikallesen (d.h. nur ein bis zwei Augenfixierungen pro Zeile) immer nur mit solchen Texten intensiv betreiben, die Sie hinsichtlich Ihrer Breite „gemeistert" haben. Sofern Sie nicht zu den Höhen der weltweit schnellsten Leser vordringen möchten, wird sich dieses auf Zeitungs- bzw. Zeitschriftenbreite beschränken.

Übrigens haben Frauen durchschnittlich eine *weitere* Blickspanne als Männer. Männer können Gegenstände, die in Bewegung sind, besser mit ihren Augen verfolgen und räumliche Abstände leichter einschätzen. Frauen hingegen können peripher, d.h. außerhalb der direkten Fixierung, mehr wahrnehmen. Ich verzichte an dieser Stelle auf die Diskussion einzelner „typisch männlicher oder weib-

licher" Klischees, von denen Ihnen sicher genügend selbst einfallen, wenngleich einige in genau diesem Phänomen ihren tatsächlichen und (evolutionsbio-)logischen Ursprung haben.

Noch ein Unterschied zwischen Männern und Frauen, der sich auf die Augen bezieht. Frauen können meistens eine größere Anzahl von Farbtönen unterscheiden als Männer. Da die Erbinformationen für die *Farbrezeptoren* im Auge auf dem X-Chromosom liegen und Frauen zwei davon haben, nehmen Frauen Farben im Allgemeinen differenzierter auf. Wegen dieses Erbunterschieds kommt zum Beispiel die Rot-Grün-Farbblindheit fast nur bei Männern vor. Wenn man einen Farbdifferenzierungstest machen würde, würden Frauen durchschnittlich ein besseres Ergebnis erzielen. Ein männlicher Künstler z.B. würde jedoch möglicherweise besser als die meisten Frauen abschneiden, da er im Umgang mit Farben recht gut trainiert sein dürfte – vorausgesetzt er arbeitet häufig mit verschiedenen Farbtönen, Schwarz-Weiß Arbeiten helfen nicht besonders viel. Und nein, der Farbfernseher bringt auch nicht viel!

Auch *Augenentspannungsübungen* können für eine erweiterte Blickspanne sorgen. Es empfiehlt sich ohnehin, ab und zu eine Kurzpause für die Augen einzulegen. Vor allem am Bildschirm ist die Anstrengung für die Augen hoch, so dass sich hierbei Augenentspannungsübungen besonders eignen. Separate Hinweise zu den Besonderheiten des Lesens am Bildschirm (auch zur Augenführung) finden Sie im Kapitel 6 „Textarten – Besonderheiten".

Drei gängige und wirksame Augenentspannungsübungen:

1) Sie halten Ihre Handflächen auf Ihre Augen, so dass sich Ihre Augenbrauen jeweils in etwa der Mitte Ihrer

Handfläche befinden (deshalb heißt das Ganze *Palmieren*; Palm, engl. Handfläche – auch für den Fall, dass Sie sich gefragt haben, warum der Kleincomputer Palm heißt). Legen Sie dabei Ihre Hände ohne jeglichen Druck über Ihre geschlossenen Augen und verweilen ein paar Sekunden. Die Menschen in Ihrer Umgebung werden vielleicht nachfragen, ob bei Ihnen alles in Ordnung ist, aber daran werden Sie sich gewöhnen.

2) Sie *klopfen* mit Ihren Zeige- oder Mittelfingern unmittelbar oberhalb und unterhalb Ihrer Augen leicht von Innen nach Außen. Sie klopfen dabei ganz leicht unmittelbar unterhalb der Augenbrauen und in gleichem Abstand zu den Augen unterhalb, ebenfalls von Innen nach Außen.

3) In Anlehnung an die *progressive Muskelentspannung* nach Jacobson: Sie kneifen die Augen einige Sekunden lang fest zusammen. Anschließend reduzieren Sie schrittweise die Muskelspannung bei weiterhin geschlossenen Augen, bis diese völlig locker sind. Achten Sie sowohl während der Spannungs- als auch der Entspannungsphase bewusst auf einzelne Muskeln bzw. Muskelgruppen. Ein weiterer Effekt besteht darin, dass Sie nach mehrmaligem Durchführen dieser Übung ein Bewusstsein dafür entwickeln, wie angespannt Ihre Augen derzeit sind. Experimentieren Sie hin und wieder mit diesen Übungen – vor dem Lesen, nachher oder zwischendurch.

Förderliche innere Zustände herstellen

Phantasiereisen können durch ihre entspannende Wirkung ebenfalls zu einem Zustand führen, der Ihnen eine effektivere Textaufnahme ermöglicht. Für den Fall, dass Sie sich unter Phantasiereise nichts vorstellen können, folgt ein kurzes Beispiel. Eine Phantasiereise könnte folgendermaßen beginnen: *„Schließen Sie Ihre Augen, stellen Sie sich eine grüne Wiese vor, Sie hören die Vögel zwitschern, fühlen den leichten Wind auf Ihrer Haut...".* Solche „Reisen" können Sie nach Ihren Vorstellungen auswählen oder selbst entwerfen.

Auch *autosuggestive und meditative Übungen* können vor dem Lesen hilfreich sein, um eine geeignete Einstellung und Aufnahmebereitschaft herzustellen. Je nach Persönlichkeit und Aktivität unmittelbar vor dem Lesen, können unterschiedliche Übungen für Sie persönlich den größten Nutzen bringen. Anstreben sollten Sie einen Zustand, in dem Sie ein ausgeglichenes Mittelmaß zwischen gestresst und gelangweilt finden. Stress und Hektik, verbunden mit einem höheren Pulsschlag und flacher Atmung sind nicht die besten Voraussetzungen für das Lesen. Aber ein langsamer, energieloser Zustand, wie er kurz vor dem Einschlafen eintritt, ist für den Lesevorgang ebenfalls nicht förderlich – es sei denn, Sie lesen um leichter einzuschlafen. Es soll Zeitgenossen geben, bei denen bestimmte Texte derart einschläfernd wirken, dass sie mehrere Monate lang nicht über die erste Seite hinausgekommen sind.

Wenn Sie ein etwas unruhiger Mensch sind oder einfach in den letzten Minuten gleichzeitig mehrere Anrufe, E-Mails und Kollegen auf Sie eingestürzt sind, dann benötigen Sie eher bremsende Strategien, um sich in Lesestimmung zu bringen. Oben angesprochene Phantasiereisen oder Meditationen, aber auch ein einfaches Hinsetzen, Hinlegen oder Augenschließen können für eine Entspannung sorgen.

Wenn Sie jedoch aufgrund Ihres Naturells, der frühen Morgenstunde oder einer großen Mahlzeit eher etwas mehr Schwung verkraften können, sollte Ihre Strategie anders aussehen. Ein paar kurze, schnelle Schritte oder ein Lachen über irgendeine komische Situation oder einen Witz können Wunder wirken.

Da es aus meiner Perspektive keine allgemeingültigen, immer verwendbaren Strategien gibt, gebe ich an dieser Stelle lediglich einige Anregungen. Sie kennen sich selbst am besten. Achten Sie einfach in den nächsten Tagen bewusst darauf, von welchen Faktoren Ihr *Gefühlszustand* abhängt und in welcher Stimmung Sie am besten Informationen aufnehmen können. Eine solche bewusste und möglichst wertfreie Selbstbeobachtung hat übrigens ein wesentlich weiter reichendes Erkenntnispotenzial als „nur" die Anwendung auf PoweReading. Die persönlichen Ärger-, Stress- und Freudeauslöser besser zu verstehen, kann äußerst nützlich sein und kostet so gut wie keine Zeit – von der Sie ja aber in Zukunft durch Ihre neuen Lesefähigkeiten mehr frei verfügbar haben werden. Solche Freude- oder Ärgerauslöser können bspw. Gedanken an eine bestimmte Person, eine Geste, ein Lied oder auch eine Verkehrssituation sein. Jeder Reiz löst in uns eine Reaktion aus. Die besonders stark wirkenden Reize zu kennen, kann das Leben deutlich vereinfachen.

Ein aufgeschlossener und gleichzeitig entspannter Zustand wirkt sich sowohl auf Ihre Lesegeschwindigkeit als auch auf Ihr Textverständnis positiv aus. Deshalb befinden sich die obigen Ausführungen quasi im Übergangsbereich zwischen diesem Kapitel und dem nun folgenden.

Jede Spitzenleistung setzt meiner Ansicht nach einen für die jeweilige Situation förderlichen Zustand voraus. Sollten Sie sich für Strategien eines besonders effektiven Selbstmanagements bei sich selbst oder Ihren Mitarbeitern interessieren, dann besuchen Sie uns unter:

www.peoplebuilding.de

Halten Sie dort Ausschau nach unseren Vorträgen, Seminaren und Produkten unter dem Titel „Der Effektivitäts-Code" - Systeme für nachhaltig mehr Erfolg und Zufriedenheit.

Das Wichtigste in Kürze

- Ohne Führung wandern Ihre Augen sprunghaft und unkontrolliert

- Augenkontrolle ist der wichtigste Erfolgsfaktor beim PoweReading

- Lesebremser Nr. 1: Rücksprünge

- Als Lesehilfe eignen sich alternativ: Stift, Stäbchen und Finger

- Das Einsparen von Rändern bringt massive Fortschritte

- Eine Übungsdauer von 15 Minuten ist besonders effektiv

- Die Blickspanne und die Erkennungsgeschwindigkeit lassen sich steigern

- Das Lesen „am Limit" bringt besonders gute Steigerungen

- Unterschiedliche innere Zustände beeinflussen Ihre Leseeffektivität unterschiedlich

Gedankenlandkarte zu Kapitel 2

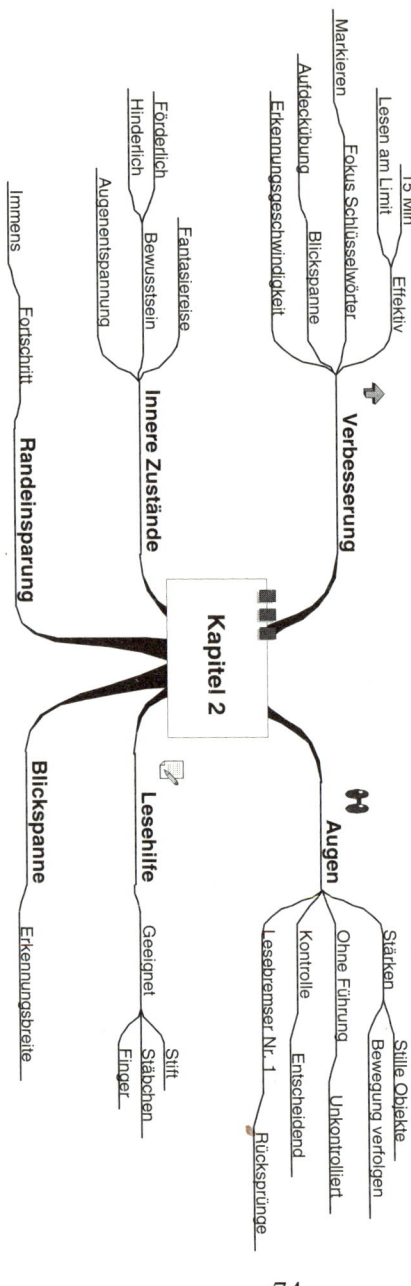

Kapitel 3:
Texte leicht verstehen

Geschwindigkeit *ohne* Textverständnis ist nutzlos wie 300
PS auf Glatteis – es bringt Ihnen
auf einer praktischen Ebene rein
gar nichts.

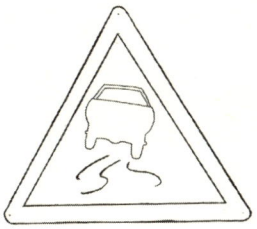

Die Macht von Fragen

Kennen Sie die Situation, dass Sie beim Lesen zwar wissen,
dass der Inhalt für eine zukünftige Situation wichtig sein
wird, aber Ihr Interesse für den Text befindet sich deutlich
unter dem Gefrierpunkt? Dies wirkt sich
natürlich verheerend auf Ihr Behalten des Textes
aus. Stellen Sie sich in einer solchen Situation
folgende Frage: Was ist an diesem Text
interessant? Wenn Ihr Gehirn einige Antworten
findet, gut! Vielleicht meldet es hingegen
lediglich energisch und trotzig zurück:
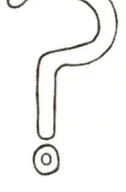
„NICHTS!". Dann benutzen Sie die folgende *Zauberformel*:
„Ja, der Text ist nicht interessant. Aber was *könnte* daran
interessant sein?"

Exkurs:

Mit einem solchen Konjunktiv können Sie in vielen Situationen Widerstände und Blockaden bei sich selbst oder anderen Menschen überwinden. Eine häufige Hürde in Verkaufssituationen ist die Abwehrhaltung: „Das passt bei uns zur Zeit nicht!" Mögliche Antwort: „Das respektiere ich. Darf ich Ihnen dennoch eine Frage stellen? Wenn es passen würde, wie würde es dann aussehen?" Damit steigt die Wahrscheinlichkeit, dass Ihr Gegenüber ernsthaft über die Thematik nachdenkt, statt diese kategorisch abzulehnen, dramatisch an.

Weitere Fragen, die den Inhalt oder zumindest den Leseprozess spannender werden lassen:

- Welche Aspekte dieses Textes könnten mich positiv überraschen?
- Wie hätte der Autor den Inhalt spannend wie einen Krimi machen können?
- Schaffe ich es, das Wesentliche in einer Rekordzeit von xy Minuten herauszufiltern?
- Wie viele Sätze aus diesem langen Text wären wohl tatsächlich nötig gewesen, um den Inhalt zu vermitteln?

Jegliche Fragen, die Sie sich zum Text stellen oder an den Autor richten, erhöhen Ihre *Behaltensquote*. Beispiele wären:

- Ob diese Argumentation wohl durchgängig Sinn macht?
- Welche Ausnahmen liegen zugrunde?
- Wie könnte diese Meinung entstanden sein?
- Was sind die logischen Schlussfolgerungen?
- Was bedeuten diese Fakten für mich bzw. meine Arbeit?

Gerade auch Fragen, die eine Einordnung in Ihr persönliches *Wissensarchiv* erleichtern, steigern sowohl das Textverständnis als auch die Erinnerungsfähigkeit:

- Wie decken sich diese Schilderungen mit meiner Erfahrung?
- Inwiefern bin ich anderer Meinung?
- In welchem Zusammenhang ist dieses Phänomen vergleichbar?
- Welche (Gegen-)Beispiele kenne ich?
- Was ist mir bereits bekannt, was ist neu für mich?
- Wie kann ich dies erklären bzw. begründen?

Textverständnis messen

Was ist überhaupt Textverständnis?
Logischerweise dreht es sich darum, den Lesetext zu verstehen. Gemessen wird meistens in Prozent. Null Prozent hieße, dass Sie nicht im Entferntesten wissen, welchen Inhalt der Text besitzt. Hundert Prozent bedeutet, Sie können absolut jede Detailfrage zum Text fehlerlos beantworten. Letzteres könnte auch mit Auswendiglernen beschrieben werden bzw. kommt diesem zumindest sehr nahe. Dieses ist nur in Sondersituationen ein Ziel, z.B. in der Schauspielerei. Die Schwerpunktaktivität würde aber bei solchen Fällen im Lernen der verstandenen Information und nicht im Verstehen des Textes liegen. Lern- und Behaltensstrategien werden gesondert im Kapitel 7 „Super-Gedächtnis" explizit behandelt.

In diesem Kapitel geht es primär um die *Informations-aufnahme*, nicht die Abspeicherung und Reproduktion aus dem Gedächtnis. Dies ist ähnlich wie beim Herunterladen von Dateien aus dem Internet. Zunächst ist eine gute Datenübertragung entscheidend, anschließend erst das langfristige Abspeichern an einer geeigneten Stelle, die auch wieder auffindbar sein sollte. Nachfolgend geht es vorrangig um den effektiven Datenfluss, und zwar um dessen qualitative Komponente (im Gegensatz zur quantitativen Komponente, d.h. Geschwindigkeit).

Sie wissen nun, dass Textverständnis gewöhnlich in Prozent gemessen wird. Für die Werte Null und Hundert Prozent haben Sie auch ein Gespür. Aber wie wird der wesentlich relevantere Bereich dazwischen gemessen? Angenommen, Sie lesen einen Artikel oder ein Kapitel und kurz danach werden Ihnen zehn *Fragen* zum Inhalt gestellt. Wenn Sie davon drei Fragen richtig beantworten können, liegt Ihr gemessenes Textverständnis bei 30 Prozent. Sieben richtige Antworten bedeuten entsprechend ein Textverständnis von 70 Prozent. Ein normaler Leser hat durchschnittlich ein Textverständnis von ca. 60-80 Prozent. Verbal beschrieben bedeutet dies, dass Sie den Text in seinen Hauptgedanken verstanden haben, die wichtigsten Beispiele parat haben und einige (aber längst nicht alle) Details aufgenommen haben. Für die meisten Leseabsichten ist dies ein vernünftiger Zielwert. Übrigens erfolgt die Messung auch bei Schnelllese-*Wettbewerben* in ähnlicher Form. Dort wird die Bruttogeschwindigkeit gemessen – in WPM. Anschließend werden Fragen gestellt und der Anteil an richtigen Ant-worten mit dieser Bruttogeschwindigkeit multipliziert. Daraus ergibt sich die Nettogeschwindigkeit. Bei solchen

Wettbewerben wird auf diese Weise die Leseeffektivität gemessen. Beispiel:

1000 WPM (brutto) x 0,7 = 700 WPM (netto)

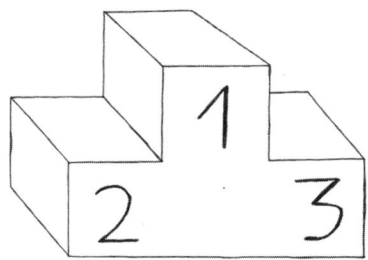

Eine bestechende Konzentration

Eine wichtige Voraussetzung für ein hohes Textverständnis ist eine gute *Konzentrationsfähigkeit*. Während am Ende des vorigen Kapitels „Spannende Augenblicke" Anregungen zur Herstellung eines optimalen Lesezustands gegeben wurden, folgen an dieser Stelle einige Konzentrationsübungen. Hierbei gibt es wiederum Überschneidungen mit der Passage über die Erkennungsgeschwindigkeit. Sie merken, dass das Training von Einzelfertigkeiten zwar sinnvoll und teilweise möglich ist, aber die einzelnen Aspekte oft nicht vollständig trennbar sind.

Mitmach-Teil Nr. 14 (Konzentration)
Sie finden auf der nächsten Seite einen weiteren unsinnigen Text (als NMUVW-Text bezeichnet), der ausschließlich aus den Buchstaben n, m, u, v und w besteht. Sie suchen sich einen beliebigen Buchstaben aus, z.B. das „m". Jetzt zählen

Sie möglichst schnell, wie häufig der Buchstabe „m" auf der Seite abgedruckt ist. Gehen Sie in analoger Weise mit den anderen Buchstaben vor. Als kritischer Leser (ich halte es durchaus für sinnvoll, Inhalte kritisch zu hinterfragen – sowohl bei diesem Text als auch bei anderen) fragen Sie sich vielleicht, ob dies nicht eine monotone und sinnlose Übung ist. Wofür ist das gut? Monotonie ist eine Frage der Betrachtung. Ihre Konzentrationsfähigkeit und Erkennungs-geschwindigkeit können Sie durch solche und vergleichbare Übungen steigern!

Eine Variation dieser Übung besteht darin, bestimmte Zeichenkombinationen zu identifizieren, z.B. „uv" oder „nm".

Die darauf folgende Seite besteht aus lauter Ziffern (als Zahlentext bezeichnet). In analoger Weise geht es hierbei darum, einzelne Ziffern oder bestimmte Ziffernfolgen möglichst schnell zu finden. Suchen Sie z.B. erst alle Vieren, dann alle Neunen und zum Schluss alle direkt aufeinander folgenden Fünfen und Siebenen.

Wenn Sie überprüfen möchten, ob Sie die richtige Anzahl einer bestimmten Buchstaben- bzw. Zahlenkombination ermittelt haben, dann gehen Sie auf folgenden Internetseiten:

www.peoplebuilding.de/MNUVW-Text.doc
www.peoplebuilding.de/Zahlen-Text.doc

MNUVW-Text:

uvmnwwvummnuwvumwnuvnvmnwuvnwumvuwmuvnwu
muvnwumvuwnuvmwuunvmuwmvuwnmvunwwwnmuvwu
mvnmwuvnmwuvunvmwuvnwmvuuvmnwwvummnuwvum
wnuvnvmnwuvnwumvuwmuvnwumuvnwumvuwnuvmwuu
nvmuwmvuwnmvunwwwnmuvwumvnmwuvnmwuvunvmw
uvnwmvuuvmnwwvummnuwvumwnuvnvmnwuvnwumvuw
muvnwumuvnwumvuwnuvmwuunvmuwmvuwnmvunwww
nmuvwumvnmwuvnmwuvunvmwuvnwmvuwwuvunvmwuv
nwmvuuvmnwwvummnuwvumwnuvnvmnwwnmuvwumvn
mwuvnmwuvunvmwuvnwmvuuvmnwwvummnuwvumwnu
vnvmnwuvnwumvuwmuvnwumuvnwumvuwnuvmwuunvm
uwmvuwnmvunwwwnmuvwumvnmwuvnmwuvunvmwuvn
wmvuuvmnwwvummnuwvumwnuvnvmnwwnmuvwumvnm
wuvnmwuvunvmwuvnwmvuuvmnwwvummnuwvumwnuvn
vmnwuvnwumvuwmuvnwumuvnwumvuwnuvmwuunvmuw
mvuwnmvunwwwnmuvwumvnmwuvnmwuvunvmwuvnwm
vuuvmnwwvummnuwvumwnuvnvmnwwnmuvwumvnmwu
vnmwuvunvmwuvnwmvuuvmnwwvummnuwvumwnuvnvm
nwuvnwumvuwmuvnwumuvnwumvuwnuvmwuunvmuwmv
uwnmvunwwwnmuvwumvnmwuvnmwuvunvmwuvnwmvu
uvmnwwvummnuwvumwnuvnvmnvuuvmnwwvummnuwvu
mwnuvnvmnwwnmuvwumvnmwuvnmwuvunvmwuvnwmv
uuvmnwwvummnuwvumwnuvnvmnwuvnwumvuwmuvnwu
muvnwumvuwnuvmwuunvmuwmvuwnmvunwwwnmuvwu
mvnmwuvnmwuvunvmwuvnwmvuuvmnwwvummnuwvum
wnuvnvmnwwnmuvwumvnmwuvnmwuvunvmwuvnwmvuu
vmnwwvummnuwvumwnuvnvmnwuvnwumvuwmuvnwum
uvnwumvuwnuvmwuunvmuwmvuwnmvunwwwnmuvwum
vnmwuvnmwuvunvmwuvnwmvuuvmnw

Zahlentext:

01473837465103947826402948879210486762514069486
193018285746201473837465103947826402948879210486
762514069486193018285746837465103947826402948879
210486762514069486193018285746201473837465103947
826402948879210486762514069486193018285743746510
394782640294887921048676251406948619301828574620
147383746510394782640294887921048676251406948619
301828574683746510394782640294887921048676251406
948619301828574620147383746510394782640294887921
048676251406948782640294887921048676251406948619
301828574620147383746510394782640294887921048676
251406948619301828574683746510394782640294887921
048676251406948619301828574620147383746510394782
640294887921048676251406948619301828574374651039
478264029488792104867625140694861930182857462014
738374651039478264029488792104867625140694861930
182857468374651039478264029488792826402948879210
486762514069486193018285746837465103947826402948
879210486762514069486193018285746201473837465103
947826402948879210486762514069486193018285743746
510394782640294887921048676251406948619301828574
620147383746510394782640294887921048676251406948
619301828574683746510394782640294887921048676251
406948619301828574620147383746510394782640294887
921048676251406948782640294887921048676251406948
619301828574620147383746510394782640294887921048
676251406948619301828574683746510394782640294887
921048676251406948619301828574620147383746510394
782640294887921048676251406948619301828574374651
0394

Eine bestechende Konzentration

Diese Konzentrationsübungen sind nur ein kleiner Ausschnitt aus der Fülle an Übungen zu diesem Thema. Wenn Ihnen die Konzentration auf einen Text regelmäßig schwer fällt, könnte es für Sie Sinn machen, ein Buch mit solchen Übungen zu bearbeiten. Meiner Erfahrung nach liegt das Konzentrationsproblem vielfach nicht daran, dass jemand nicht in der Lage ist, sich zu konzentrieren. Vielmehr liegt die Ursache häufig im mangelnden Interesse am Lesetext. Gerade Kinder werden vielfach als konzentrationsschwach oder hyperaktiv abgestempelt. Bestimmt haben Sie schon mal beobachtet, dass ein vermeintlich konzentrationsschwaches Kind beim Fußball-spielen oder beim Fernsehen gedanklich zu 100 Prozent bei der jeweiligen Beschäftigung und durch nichts abzulenken ist. Wenn das Kind Hausaufgaben macht, wird es durch jedes kleine Geräusch abgelenkt. Aber beim Fernsehen könnte nicht einmal ein Erdbeben die Aufmerksamkeit in eine andere Richtung lenken. Ist dieses Kind kon-zentrationsschwach? Ich behaupte, dass der Lernstoff ein-fach nur spannend genug aufbereitet werden muss, und schon lösen sich die meisten Konzentrationsprobleme in Luft auf!

Was bedeutet diese Erkenntnis für Sie und Ihre Lesetexte? Vermutlich gibt es für Sie auch verschiedene Texte, die Sie nicht besonders aufregend finden, welche aber dennoch gelesen werden müssen oder sollen. Entweder ist der Inhalt für eine Prüfung wichtig, für ein Meeting, für eine Entscheidung oder irgendeinen anderen Anlass. Die Lese-aufgabe als lästige Pflicht und den Text als langweilig zu akzeptieren ist eine Option, die meistens weder für Ihren Gemütszustand noch für Ihren Behaltensgrad besonders förderlich ist. Langweiliges wird nämlich deutlich schneller

83

wieder vergessen. Wie lautet das Gegenmittel? Eine Möglichkeit ist, Sie stellen sich, wie weiter oben beschrieben, selbst Fragen wie: Was könnte an dem Text oder an der Aufgabe interessant oder spannend sein? Dies kann schon helfen. Alternativ können Sie sich über das Definieren eines oder mehrerer Leseziele motivieren. Überlegen Sie sich beispielsweise nach dem Muster im ersten Kapitel, welche Vorteile der Text Ihnen erbringen wird und welche Nachteile Sie erleiden werden, wenn Sie die (Lese-)Aufgabe nicht angehen. Hierdurch erzielen Sie eine deutliche Hebelwirkung hinsichtlich Ihrer Motivation.

Sie wissen jetzt, wie Sie sich selbst in einen aufnahmebereiten Zustand versetzten können und haben einigen Ideen bekommen, wie Sie auch einen vermeintlich langweiligen oder schlecht geschriebenen Text für sich selbst reizvoller machen können.

Wissensgerüst und Leseziel

Ganz bestimmt haben Sie in der Vergangenheit die Erfahrung gemacht, dass Inhalte, bei denen Sie ein geringes *Vorwissen* haben, wesentlich schwerer zu verstehen sind als wenn Sie zu Ihren Lieblingsthemen Neues erfahren. Woran liegt das? Neben Ihrem Interesse für diese Themen besitzt Ihr Gehirn bei Ihren Hauptwissensgebieten bereits ein Gerüst und weiß die neuen Informationen *einzuordnen.*

Angenommen, Sie befinden sich mit dem Auto in einer kleinen Nebenstraße, die Sie nicht kennen. Um sich zu orientieren, fahren Sie ein paar Häuserblöcke weiter bis zur nächsten Hauptverkehrsstraße. Wenn Sie die Stadt gut kennen und somit auch die Hauptverkehrsstraßen, dann sind Sie nun relativ schnell und leicht in der Lage, die bisher unbekannte Nebenstraße einzuordnen – in Ihr bereits vorhandenes Wissensgerüst. Für einen Ortsunkundigen hingegen liefert auch die Hauptverkehrsstraße keine wesentlichen Anhaltspunkte. Er muss einen höheren Aufwand betreiben, indem er beispielsweise eine Karte aufschlägt, um die neue Information „Nebenstraße xy" einordnen zu können.

Inwiefern hilft diese Tatsache Ihrem Textverständnis?
Eine ganz wesentliche Steigerung ihres Textverständnisses können Sie erreichen, in dem Sie sich vor dem Lesen kurz ein paar Gedanken zu Ihrem bisherigen Wissen zum Thema machen. Machen Sie ein paar (zumindest geistige) *Notizen* zu Ihrem Vorwissen. Wissen Sie ein bisschen zum Thema, dann holen Sie diese Kenntnisse in Ihr Bewusstsein. Sind Sie ein Experte zu diesem Thema, kategorisieren Sie grob die Unterthemen und ordnen Sie den Lesetext entsprechend. Haben Sie ein extrem geringes Vorwissen, dann notieren Sie Stichpunkte angrenzender Bereiche, oder formulieren Sie Vermutungen zum Thema. Ähnlich wie ein Sportler sich physisch und geistig auf einen Wettkampf vorbereitet, bereiten Sie Ihr Gehirn auf das jeweilige Thema vor. Dadurch verstehen Sie besser und lesen zugleich schneller.

Selten ist jede Information in einem Text für Sie *relevant*. Häufig sind es die Hauptgedanken oder die Schlussfolgerungen im Text, die für Sie wesentlich sind. Vielleicht wollen Sie aber auch nur einen Teilaspekt finden oder verstehen. Wenn Sie der Bedienungsanleitung Ihres Mobiltelefons lediglich entnehmen möchten, wie Sie die Infrarotübertragung aktivieren können, dann gehen Sie logischerweise gezielt vor. Sie würden nicht auf die Idee kommen, die komplette Bedienungsanleitung durchzulesen, um irgendwann zufällig auf die eine Information zu stoßen, die Ihnen bei Ihrer Problemlösung weiterhilft. Ihre gezielte Informationssuche und -aufnahme ist allerdings nur deshalb möglich, weil Sie sich Ihres Ziels bewusst sind. Ist es dann nicht ebenfalls vollkommen logisch, sich vor dem Lesen ebenfalls darüber bewusst zu werden, was Sie suchen? Viele Leser haben die Einstellung, dass Sie einen Artikel bzw. ein Buch entweder gar nicht lesen oder wenn doch, dann vollständig. Angenommen, Sie gelangen nach kurzem Nachdenken über die Wichtigkeit einzelner Textabschnitte zu der Vermutung, dass einige davon für Sie persönlich nicht besonders bedeutsam sind. Dann ist die Wahrscheinlichkeit, dass gerade diese Passagen Informationen beinhalten, die Ihr Leben entscheidend verbessern werden, vermutlich relativ gering. In diesem Kontext halte ich den „Mut zur Lücke" durchaus für eine in Erwägung zu ziehende Option.

Machen Sie sich klar, worin Ihre *Leseabsicht* besteht. Stellen Sie sich Zielfragen wie:

- Was verspreche ich mir von diesem Text?
- Welche Teilaspekte interessieren mich besonders?
- Welche Fragen möchte ich vom Autor beantwortet haben?

Ein Artikel über ein neues Medikament könnte beispielsweise jeweils eine Passage über die biochemischen Wirkprozesse, die Nebenwirkungen und die Vertriebsstrategie des herstellenden Pharmaunternehmens beinhalten. Möglicherweise sind alle Aspekte für Sie relevant, wahrscheinlich aber nur ein oder zwei der drei Schwerpunkte. Wenn Sie auch nur kurz im Kopf (statt schriftlich) Ihre Leseabsicht formuliert haben, können Sie sinnvoll darüber entscheiden, ob Sie bestimmte Teile gar nicht lesen, andere dafür umso aufmerksamer und andere wiederum nur überfliegen.

Dieses Bewusstsein bzgl. Ihres Leseziels wird bei gut strukturierten Texten häufig zum Weglassen irrelevanter Abschnitte führen und bei schlecht aufgebauten Texten zumindest zu einer Aufmerksamkeitssteuerung. Sie können bei einem Lesegang ohnehin nicht alles aus einem Text aufnehmen. Ist es dann nicht angemessen bewusst zu steuern welche Inhalte in Ihren Kopf strömen und welche nicht?

Mein Vorschlag an Sie, der auch für alle anderen Übungen, Techniken und Empfehlungen gilt: Probieren Sie es einige Male in verschiedenen Situationen aus und urteilen Sie selbst, ob die Formulierung eines oder mehrerer Leseabsichten für Sie von Vorteil ist.

Das Wesentliche erkennen

Den *Textaufbau* zu kennen oder wenigsten zu erahnen, ist neben dem Vorwissen ein weiteres Gerüstelement, auf das Sie sich beim Verstehen eines Textes stützen können. Bei vielen Themen bietet sich eine ganz bestimmte *Aufbaustruktur* an, die im Regelfall von den Autoren entsprechend umgesetzt ist. Geschichtstexte haben in der Regel einen chronologischen Aufbau. Biologiebücher starten mit dem Einfachen und münden im Komplexen. Projektberichte starten häufig mit den Zielen oder der Strategie, machen einen Zwischenstopp bei den Umsetzungsmaßnahmen und betonen zum Abschluss die (vorteilhaften) Ergebnisse. Ganz gleich, welche Textarten Sie lesen, Sie werden einige wenige, typische Gliederungsmöglichkeiten entdecken. Sich darüber bewusst zu sein, zu welcher Schublade eine Information gehört und wann der Übergang von einem Baustein zum anderen stattgefunden hat, kann für Ihr Textverständnis von entscheidender Bedeutung sein. Versuchen Sie in den nächsten Tagen während Ihres normalen Lesens die Textstruktur bewusst zu erkennen und sogar *vorauszuahnen*. Sie werden ein intuitives Feingefühl für den Verlauf vieler Texte entwickeln, das Ihnen in Bezug auf Geschwindigkeit und Verständnis gute Dienste erweisen wird.

Im vorangegangenen Kapitel wurde die Bedeutung von Schlüsselwörtern bereits angesprochen. Offen geblieben ist noch die Frage, wie Sie Ihre Aufmerksamkeit auf diese Bedeutungsträger eines Textes projizieren können, um ein höheres Textverständnis zu erzielen. Der nachfolgende Absatz ist ausschließlich zu Übungszwecken konzipiert und nicht als generelle Empfehlung, Texte in Zukunft auf diese Weise zu bearbeiten.

Mitmach-Teil Nr. 15 (Schlüsselwörter)
Suchen Sie sich einfach einen ein- bis zweiseitigen Text. Außerdem brauchen Sie einen Textmarker. Jetzt markieren Sie beim langsamen Lesen die Schlüsselwörter. Diese sind vor allem Substantive und Verben, aber auch Wörter, die

eine Richtung oder einen Kontrast (sondern, hingegen, jedoch etc.) begründen. Verneinungen (z.B. nicht, kein) sind natürlich für das Textverständnis ebenso bedeutsam. Versuchen Sie sich bei der Auswahl der Schlüsselwörter auf ein Viertel bis ein Drittel der Wörter zu beschränken. Nachdem Sie ein oder zwei Seiten *Schlüsselwörtermarkieren* hinter sich haben, stellen Sie die markierten Wörter auf die Probe. Lesen Sie den Text noch mal im Schnelldurchgang, indem Sie sich vorrangig auf die Schlüsselwörter konzentrieren. Prüfen Sie, ob Sie den Text anhand der markierten Wörter verstehen. Wenn nicht, analysieren Sie, woran dies liegt. Wären andere Wörter wichtiger gewesen, oder ist die Informationsdichte einfach zu hoch, so dass Sie mehr Wörter markieren müssen? Der Versuch einen Text ausschließlich anhand der markierten Wörter zu verstehen, bietet übrigens ein hervorragendes Training beim Verstehen von Ausländern (so dürfte es klingen wenn ich versuche, Spanisch zu sprechen). Durch diese Übung und generell durch die Konzentration auf die wesentlichen Wörter werden Sie zunehmend in sinnvollen Textgruppen lesen, die sich um die Schlüsselwörter herum gruppieren.

Es ist hilfreich nicht nur ein besonderes Augenmerk auf die Schlüsselwörter zu richten, sondern auch auf diejenigen Sätze mit der höchsten *Informationskonzentration*. Wo finden Sie diese (Schlüssel-)Sätze? Die höchste Informationsdichte finden Sie gewöhnlich im *ersten* und *letzten* Satz eines Abschnittes. Der erste Satz gibt die Richtung des Absatzes vor und beinhaltet häufig auch schon die Hauptaussage. Hierzu folgen dann weitere Details, Argumente und Beispiele. Im letzten Satz stehen häufig eine differenzierte Aussage, eine Zusammenfassung oder

Schlussfolgerungen. Auch beim Lesen gilt häufig das *Pareto-Prinzip*: 20 Prozent der Wörter/Sätze bringen 80 Prozent der (relevanten) Information. Experimentieren Sie damit, lediglich den ersten und letzten Satz jedes Abschnittes zu lesen. Prüfen Sie anschließend in einem zweiten, vollständigen Lesegang, welche Informationen bereits im ersten Lesegang verständlich wurden und welche nicht. Dadurch entwickeln Sie eine bessere Intuition für verschiedene Textarten und die jeweiligen Stellen, an welchen Sie die gewünschte Information finden. Ein guter Jäger oder Pilzsammler weiß genau, an welchen Stellen er suchen muss, um die gewünschte Beute „einzusammeln". Werden Sie ein guter Informationssammler!

Ein hervorragender Wortschatz

Haben Sie schon einmal einen Text gelesen, der mit so vielen *Fremdwörtern* gespickt war, dass das Verständnis sehr mühsam war? Manche Autoren unterliegen dem Irrglauben, dass eine möglichst hohe Anzahl von Fremdwörtern die Textqualität maximiert. Selbstverständlich können Fremdwörter zu einer höheren Präzision führen. Bei vielen Fachthemen ist eine gewisse Menge an Fachwörtern nur schwer zu vermeiden. Festzuhalten bleibt, dass man als Leser verschiedener Textarten immer wieder auf Fremdwörter stößt. Das Nicht-Verstehen dieser Wörter, die vielfach auch Schlüsselbegriffe darstellen, kann Ihr Textverständnis deutlich in Mitleidenschaft ziehen. Je selbstverständlicher Sie Fremdwörter verstehen, desto leichter fällt Ihnen das Textverständnis und desto schneller sind Sie beim Lesen. Wie können Sie Ihr Fremdwörterverständnis verbessern? Meine Antwort: Durch einen interessierten, spielerischen Umgang damit! Versuchen Sie bewusst, aus dem *Kontext* auf die Bedeutung zu schließen.

Beispielsatz:
Die Investitionsdiversifizierung wird durch das Anlegen gleich hoher Beträge in acht verschiedenen Branchen erreicht.

Vielleicht kennen Sie die genaue Bedeutung des Wortes „Diversifizierung" nicht. Wenn Sie sich bei diesem Satz interessiert der Bedeutung annähern und nicht gleich erschrecken, weil das Wort lang und kompliziert erscheinen mag, werden Sie ein Gefühl für das Wort entwickeln. Wenn Sie das nächste Mal auf dieses Wort stoßen, wird es vielleicht in einem etwas anderen Kontext verwendet, z.B. der Geldanlage in verschiedenen Ländern. Allmählich bekommen Sie eine klarere Vorstellung von der genauen Bedeutung des Wortes.

Meiner Meinung nach sollten Sie das Wort nur dann im (Fach-)Wörterbuch nachschlagen, wenn Sie ohne dieses Wort wesentliche Aspekte des Textes nicht verstehen können, obwohl Sie dem Kontext das Verfügbare entnommen haben. Die oben beschriebene Strategie der zunehmenden *Annäherung* an die Bedeutung(en) des Wortes entspricht auch der natürlichen Lernweise, die von kleinen Kindern beim Erlernen ihrer Muttersprache intuitiv verwendet wird.

Beispiel: Ein Kind lernt, dass sich bewegende Gegenstände Autos heißen. Dann bemerkt es, dass sich bei Autos unten etwas dreht und glaubt, dass LKWs auch dazugehören. Diese Annahme wird später verworfen. Manchmal überschätzt das Kind den Bereich, der durch das Wort abgedeckt wird, und andere Male (spätere Phase im Lernprozess oder anderer Begriff) unterschätzt es diesen. Schrittweise nähert sich das Kind also der „richtigen" Bedeutung an. Das Erlernen der Muttersprache funktioniert im Normalfall recht gut. Wörter, die auf diese Weise gelernt werden, sind dauerhaft im Gedächtnis verankert. Oder kennen Sie viele Menschen, denen nach dieser Art des Wörterlernens plötzlich die Bedeutung des Wortes Auto entfallen ist?

Mitmach-Teil Nr. 16 (Wortschatz)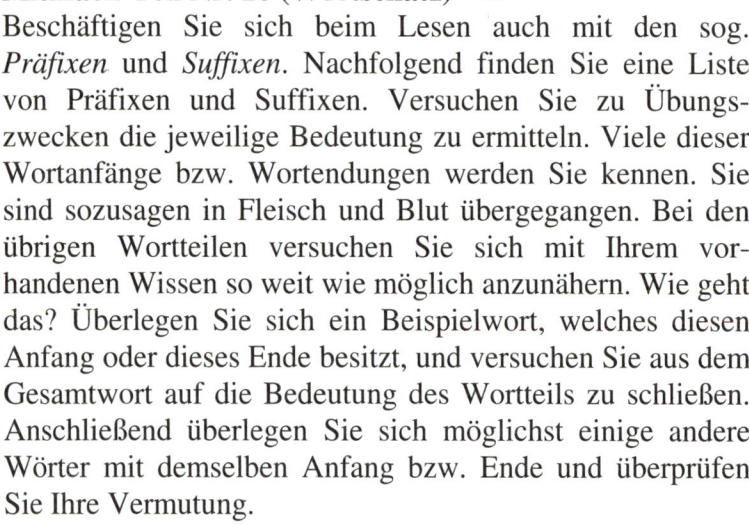

Beschäftigen Sie sich beim Lesen auch mit den sog. *Präfixen* und *Suffixen*. Nachfolgend finden Sie eine Liste von Präfixen und Suffixen. Versuchen Sie zu Übungszwecken die jeweilige Bedeutung zu ermitteln. Viele dieser Wortanfänge bzw. Wortendungen werden Sie kennen. Sie sind sozusagen in Fleisch und Blut übergegangen. Bei den übrigen Wortteilen versuchen Sie sich mit Ihrem vorhandenen Wissen so weit wie möglich anzunähern. Wie geht das? Überlegen Sie sich ein Beispielwort, welches diesen Anfang oder dieses Ende besitzt, und versuchen Sie aus dem Gesamtwort auf die Bedeutung des Wortteils zu schließen. Anschließend überlegen Sie sich möglichst einige andere Wörter mit demselben Anfang bzw. Ende und überprüfen Sie Ihre Vermutung.

Beispiel 1:
Auto…
→ Autobiographie
→ Selbstlebenslauf
→ Auto = Selbst?
→ Autopilot?

Beispiel 2:
…itis
→ Dermatitis
→ Hautkrankheit
→ itis = Krankheit?
→ Hepatitis?

Nachfolgend finden Sie eine Liste zahlreicher lateinischer und griechischer Präfixe und Suffixe.

Lateinische Suffixe:

-ismus	Ideologie	Absolutismus
-itis	Krankheit	Gastritis

Lateinische Präfixe:

Ab(s)-	weg von	Abwesenheit
Ad/c/f-	Hin zu	Adjektiv, Affekt
Aqua-	Wasser	Aquarium
Audio-	Hören	Auditorium
Bene-	Gut	Benefiz
Hom-	Mensch	Homo Sapiens
Inter-	Zwischen	Interaktion
Multi-	Viel	Multivitamin
Sol-	Sonne	Solarenergie
Video-	Sehen	Videorekorder

Griechische Suffixe:

-archie	Herrschaft	Monarchie
-ergie	Arbeit	Synergie
-graphie	Schreiben	Biographie
-kratie	Herrschaft	Demokratie
-logie	Wort	Tautologie
-manie	Zwang	Kleptomanie
-nomie	Gesetz	Physiognomie
-philie	Liebe	Frankophilie
-phobie	Furcht	Xenophobie
-skop	Betrachtung	Mikroskop
-sophie	Weisheit	Philosophie
-system	Elementmenge	Ökosystem
-theorie	Betrachtung	Relativitätstheorie

Griechische Präfixe:

A(n)-	Ohne	Anaerob
Aku-	Hören	Akustik
Allo-	Anderer	Allopathie
Ambi-	Beide	Ambivalenz
Analy-	Auflösen	Analyse
Anti-	Gegen	Antifaschismus
Arch-	Alt	Archiv
Arithmo-	Zahl	Arithmetik
Astro-	Stern	Astronaut
Auto-	Selbst	Autonomie
Bi-	Zwei	Bisexuell
Bio-	Leben	Biologie
Chrono-	Zeit	Chronometer
Demo-	Volk	Demoskopie
Dermato-	Haut	Dermatologie
Endo-	Innen	Endoskop
Ero-	Liebe	Erotik

Exo-	Außerhalb	Exotisch
Gastro-	Magen	Gastroskopie
Geo-	Erde	Geographie
Grapho-	Schreiben	Graphologie
Helio-	Sonne	Helium
Heliko-	Gewinde	Helikopter
Hetero-	Anders	Heterogen
Homo-	Gleich	Homogen
Hydr-	Wasser	Hydrant
Hypno-	Schlaf	Hypnose
Iso-	Gleich	Isotonisch
Kardio-	Herz	Kardiologie
Kin-	Bewegung	Kinesiologie
Klin-	Bett	Klinik
Kosmo-	Weltall	Kosmos
Krypt-	Verborgen	Kryptographie
Logo-	Wort	Logopädie
Morph-	Gestalt	Morphologie
Meso-	Mittig	Mesozoikum
Meta-	Über	Metaphysik
Mim-	Nachahmung	Mimesis
Neo/a-	Neu	Neoklassik
Opt(o)-	Sehen	Optiker
Ortho-	Richtig	Orthogonal
Oto-	Ohr	Otoskop
Pan-	Alles	Pantheismus
Pädo-	Kind	Pädiatrie
Philo-	Freund	Philosoph
Phon-	Stimme	Phonetik
Photo-	Licht	Photosynthese
Phys-	Natur	Physiologie
Poli-	Bürger/Stadt	Politik
Pseudo-	Lügen	Pseudonym

Psycho-	Seele	Psychologie
Pyro-	Feuer	Pyrotechnik
Strat-	Decke	Stratosphäre
Synthes-	Zusammensetzung	Synthese
Tach-	Schnell	Tachometer
Theo-	Gott	Theologie
Thermo-	Warm	Thermometer
Tele-	Ende	Telefon
Topo-	Raum	Topologie
Zoo-	Lebewesen	Zoologie
Zyklo-	Kreis	Zyklus

Die obige Übung dient dem Aufbau des *Wortschatzes*. Hierbei sollten Sie beachten, dass es auch Ausnahmen gibt, die Sie in eine falsche Richtung lenken können. Ein Beispiel ist das Wort „Klinke" (angenommen Sie würden dieses Wort nicht kennen). Die Assoziation mit „Bett" würde Ihrem Verständnis sicher nicht helfen.

Ein höherer Wortschatz hilft nicht nur beim Verstehen eines Textes, sondern auch beim Verfolgen von Fachvorträgen. Genauso ermöglicht dieser die weitere Differenzierung der eigenen Rhetorik und die prägnante schriftliche Kommunikation. Eine deutliche Verbesserung wird sich natürlich erst mittelfristig einstellen.

Aber was machen Sie, wenn Sie augenblicklich einen Text vor sich liegen haben, den Sie trotz großer Anstrengung sehr schlecht verstehen? Neben dem Herstellen von Interesse für den Text (falls dieses fehlt) und dem Sicherstellen eines konzentrierten, aufnahmebereiten Zustands, gibt es noch weitere hilfreiche Strategien. Diese hängen von der jeweiligen Ursache für das Textverständnisproblem ab.

Häufige Stolpersteine

1) Abstraktheit
Was machen Sie, wenn Beispiele und Analogien im Text fehlen? Dann kreieren Sie (gedanklich) selbst welche!

Triggersätze (trigger: Engl. Anstoß, Auslöser) wären beispielsweise:
- Das könnte man zum Beispiel…
- Konkret könnte dies beispielsweise…
- Das erscheint mir so ähnlich wie…
- Das kenne ich von/aus

Ein bekanntes Beispiel hierzu ist Folgendes (lesen Sie dieses zunächst bitte relativ schnell und ohne intensives Nachdenken oder „Übersetzen"):

Es sitzt ein Zweibein auf einem Dreibein und isst ein Einbein. Dann kommt ein Vierbein hinzu und nimmt dem Zweibein das Einbein weg. Dann nimmt das Zweibein das Dreibein in die Hand und haut dem Vierbein eins runter.

Dieser Text ist so abstrakt, dass er für Ihr Gehirn nur sehr schwer nachzuvollziehen ist. Wenn Sie Ihn allerdings *konkret* machen und den Begriffen somit Bedeutung hinzufügen, wird es erheblich einfacher. Das Vierbein ist ein Hund, das Dreibein ein Hocker, das Zweibein ein Mensch und das Einbein eine Lammkeule. Wenn Sie jetzt beim erneuten Lesen des obigen Textes die konkrete Bedeutung dieser vier Schlüsselwörter im Kopf haben, dann steigt das Textverständnis deutlich an.

2) Vokabular fehlt / Niveau zu hoch

Es kann Ihnen passieren, dass ein Autor *Vorkenntnisse* voraussetzt, die Sie nicht mitbringen – speziell wenn Sie beim Erarbeiten in neue Themen weitere Wissensgebiete erkunden. Eine Möglichkeit besteht bei vielen Themen darin, sich einen grundlegenderen (Basis-)Text zu besorgen. Bei einem naturwissenschaftlichen Text könnte dies beispielsweise ein Schulbuch des jeweiligen Faches sein, das Sie mit relativ hoher Geschwindigkeit durchlesen können. Anschließend werden die grundlegenden Begriffe vertrauter sein und das Verständnis wird deutlich leichter fallen. Zusätzlich können Sie sich auch mit den Wörtern im (eventuell vorhandenen) Stichwortverzeichnis beschäftigen und die Bedeutung der wichtigsten Wörter auf diese Weise erschließen.

3) Passagen unverständlich

Manchmal ist der überwiegende Teil des Lesetextes verständlich, nur ein Teil bereitet besondere Schwierigkeiten. Dies kann u.a. ein Abschnitt eines Artikels sein oder ein Kapitel eines Buches. Hierbei kann das Vertauschen der *Reihenfolge* nützlich sein. Nähern Sie sich der schwierigsten Passage von vorne und von hinten an. Mit anderen Worten: Lesen Sie das Schwerste möglichst erst, nachdem Sie die anderen Passagen bereits bearbeitet haben. Wenn Sie sich dann an die Problemstelle begeben, haben Sie ein höheres *Hintergrundwissen*. Bei einem Text, der chronologisch aufgebaut ist, wissen Sie was vorher und nachher jeweils geschehen ist. Bei anderen Texten erfahren Sie durch diese Vorgehensweise die Ursachen und die Folgen. Es kann auch sinnvoll sein, die Informationen „um die schwierige Passage herum" schriftlich zu notieren. Hierdurch können Sie die schwierige Passage zunächst aus der *Vogelperspektive* betrachten, um die Einordnung in den Gesamtzusammenhang besser zu begreifen. Das Inhaltsverzeichnis kann hierbei sehr nützliche Dienste erweisen. Einzelheiten zum effektiven Anlegen von Notizen finden Sie im Kapitel 7 „Super-Gedächtnis".

In einem nächsten Schritt können Sie die Passage in kleinere Einheiten zerlegen, um die Struktur besser zu erkennen. Der erste Satz und die Richtungswörter (dann, danach, deshalb, andererseits etc.) spielen diesbezüglich eine wichtige Rolle.

Selbstverständlich gibt es Überschneidungen zwischen diesen Problemkategorien. Besonders herausfordernd wird die Angelegenheit, wenn mehrere Stolpersteine in einem Text vereint sind. Betrachten Sie es als Spiel – Ihre Erfolgswahrscheinlichkeit steigt damit!

Das Wichtigste in Kürze

- Gute Fragen steigern das Interesse und das Behalten

- Konzentration lässt sich steigern und hängt v.a. vom Interesse ab

- Die Einordnung von Neuem in das eigene Wissensarchiv erleichtert das Verständnis

- Formulieren Sie Ihre Leseabsicht(en)

- Viele Sachthemen besitzen einen typischen Textaufbau

- Die höchste Informationskonzentration befindet sich meistens im ersten/letzten Kapitel, Absatz bzw. Satz

- Je besser Ihr Fremdwörterverständnis, desto höher Ihr Textverständnis

- Die schrittweise Annäherung an neue Sachverhalte ist eine effektive und natürliche Lernweise

Gedankenlandkarte zu Kapitel 3

Kapitel 3

Fragen nutzen
- Erhöhung
  - Interesse
  - Behalten
- An
  - Text
  - Autor
- Wissensarchiv
- Aktivieren

Konzentration
- Abhängig von Interesse
- Steigerungsfähig

Vorbereitung
- Leseabsicht
  - Formulieren
- Textaufbau
  - Identifizieren

Wortschatzaufbau
- Bedeutungsannäherung

Häufige Stolpersteine
- Abstraktheit
- Niveau zu hoch
- Schwierige Passagen

Verständnis
- Messung in %
- 50-60% gut

Informationsdichte
- 1./letzte
  - Kapitel
  - Absatz
  - Satz

Kapitel 4:
Turbo-Geschwindigkeit

Sind Sie bereit für höhere Geschwindigkeiten? In diesem Kapitel werden Sie Übungen kennen lernen, die für Ihre Augen und Ihr Gehirn eine besondere Herausforderung darstellen. Diese Übungen werden sogar Ihren aktuellen Fähigkeitsstand in Bezug auf Informationsaufnahme systematisch überfordern. Überfordern? Ja, aber keine Angst – es tut nicht weh und ist viel harmloser, als es sich vielleicht anhört. Was bringt ein solches Über-Training? Kurz zusammengefasst: Sie erzielen hierbei einen Gewöhnungseffekt an höhere Geschwindigkeiten und machen dadurch Fortschritte (ausführlichere Erklärung folgt).

Geschwindigkeit vs. Textverständnis

Schon mehrfach wurde der Zusammenhang zwischen Geschwindigkeit und Textverständnis angesprochen. Einerseits scheint es ein weit verbreiteter Glaubenssatz zu sein, dass ein höheres Lesetempo immer zu einer Verschlechterung des Textverständnisses führt. Die Aufforderung „lies langsam und sorgfältig" dürfte jeder schon gehört haben – vorrangig von Lehrern und/oder Eltern. Andererseits gibt es vereinzelte Stimmen (vor allem, aber nicht nur von Schnelllese-Trainern), die behaupten, dass der gegenteilige Effekt eintritt. „Je schneller Sie lesen, desto besser verstehen Sie", lautet es dann. Wie so häufig bei gegensätzlichen Standpunkten, enthalten beide Aussage-kategorien wahre Elemente und auch Halbwahrheiten.

Aus meiner Sicht passiert bei zunehmender Geschwindigkeit bei den meisten Lesern Folgendes: Für jeden Menschen gibt es bei seinem aktuellen „Leseniveau" ein Tempo, bei dem das Verständnis seinen Höhepunkt erreicht. Ein deutlich langsameres Lesen mindert ganz eindeutig das Textverständnis. Dies liegt wie bereits diskutiert an einer mangelnden Differenzierung zwischen wichtigen und weniger bedeutsamen Wörtern sowie den zu großen zeitlichen Abständen zwischen den Schlüsselwörtern. Sie erinnern sich an das Beispiel des Kindes, das nach dem Entziffern der Wörter am Satzende keine Ahnung mehr vom Inhalt hat. Ein solches Tempo ist zu niedrig, um den Text gut zu verstehen. Auf der anderen Seite ist es ebenfalls einleuchtend, dass sich das Verständnis bei einer fort-während Steigerung der Lesegeschwindigkeit irgendwann verabschiedet. Wenn Sie Ihren WPM-Wert jede Minute um 100 steigern, dann werden Sie relativ bald nur noch Bruchstücke des Textes aufnehmen.

Zusammenfassend bedeutet dies, dass es einen WPM-Wert gibt, der für das Textverständnis optimal ist. Diesen Punkt nenne ich „*Ihren persönlichen Punkt*". Die logische Anschlussfrage ist, an welcher Stelle dieser Punkt liegt. Zunächst ist festzustellen, dass dieser Wert von vielen Faktoren beeinflusst wird. Die wichtigsten Faktoren sind das aktuelle Leseniveau und die Lesbarkeit des Textes. Dies ist wie beim Skifahren. Ab welcher Geschwindigkeit fangen Sie an, die Kontrolle über Ihre Skier zu verlieren? Nun, das hängt von Ihrem aktuellen Fahrniveau (d.h. Ihrem Können auf den Brettern) und der Befahrbarkeit (z.B. glatte Piste, Buckelpiste, Tiefschnee) der Strecke ab. Für den persönlichen Punkt, ab dem Sie beim Lesen anfangen, die Kontrolle über Ihr Textverständnis verlieren, sieht das Ganze, graphisch dargestellt, dann folgendermaßen aus:

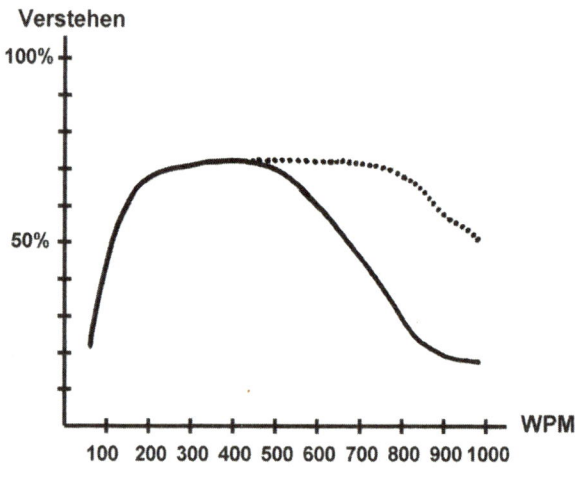

Die absoluten Zahlen in dieser Graphik sind lediglich beispielhaft für einen Durchschnittsleser und einen Durchschnittstext aufgeführt, spiegeln jedoch durchaus einen realistischen Fall wider, in dem sich viele Leser wieder finden dürften. Die meisten Menschen, die sich bisher nicht mit Schnelllese-Techniken beschäftigt haben, lesen links vom Optimum, also langsamer. In den bisherigen Kapiteln lag der Schwerpunkt darin, Sie an diese Bergspitze heran – und sogar leicht darüber hinauszuführen. Ihr Lesepensum im Alltag werden Sie durch das bewusste Führen der Augen nun im Bereich dieses persönlichen Punktes absolvieren. Bemühen Sie sich hierbei darum, eher rechts vom Verständnisoptimum zu lesen. Angenommen, Ihr persönliches Optimum liegt bei 300 WPM und Sie haben die Wahl zwischen 250 und 350 WPM bei minimal geringerem Textverständnis. Was spricht dagegen, sich für 350 WPM zu entscheiden? Dadurch haben Sie gleich zwei Vorteile: Sie sparen Zeit und Sie erzielen einen größeren Trainingseffekt für weitere Steigerungen.

Was ist mit *Trainingseffekt* gemeint?
Wenn Ihr Training gut konzipiert ist, dann nimmt Ihre Leistungsfähigkeit zu: Egal, ob es um Sport, Sprachenlernen oder PoweReading geht. Bisher haben wir in erster Linie Ihre ohnehin vorhandenen Fähigkeiten genutzt, um Steigerungen zu erzielen. Mit anderen Worten: Wir sind bisher auf der oben dargestellten Kurve weiter nach oben in Richtung Maximum gewandert. Jetzt ist es an der Zeit verstärkt daran zu arbeiten, Ihren persönlichen Punkt weiter hinauszuschieben. Das Ziel ist es, in Zukunft bei noch höheren Geschwindigkeiten ebenfalls ein gutes Verständnis zu erzielen. Graphisch dargestellt entspricht dies einer Veränderung der Kurve (wie oben angedeutet).

Haben Sie eigentlich schon die Marke von 400 WPM geknackt? Wenn ja, herzlichen Glückwunsch! Sie lesen bereits schneller als 99 Prozent der erwachsenen Bevölkerung! Weniger als ein Prozent der Bevölkerung besitzt die Fähigkeit, so effektiv mit geschriebenen Informationen umzugehen wie Sie. Es heißt immer wieder, dass der effektive Umgang mit Informationen einer der *Schlüsselqualifikationen* der heutigen Zeit ist.

Wenn Sie den WPM-Wert von 400 noch nicht erreicht haben, dann werden Sie durch den Übungsteil dieses Kapitels hoffentlich diese Schallmauer durchbrechen.

Blicken Sie auf bereits Erreichtes zurück und freuen Sie sich auf weitere Erfolge!

Hochgeschwindigkeitstraining

Nachfolgend werden Sie verschiedene Übungen kennen lernen, mit denen Sie in neue Dimensionen vordringen können. Hierbei werden abwechselnd Übungen vorgestellt, die primär zur Steigerung der Geschwindigkeit der Wort- bzw. Wortgruppenerkennung dienen, und sog. *Drills* (Intensiveinheiten). Dies hat für Sie v.a. den folgenden Vorteil: Sie erzielen durch einen Wechsel zwischen „reinen Übungsaufgaben" und „Leseübungsaufgaben" besonders gute Fortschritte.

Drills sind Trainingseinheiten, bei denen Sie außerordentlich schnell lesen. Und zwar so schnell, dass Sie stellenweise den Eindruck haben werden, kaum noch Textinhalte aufzunehmen. Welchen Sinn hat es, bewusst so schnell zu lesen, dass man nur noch sehr wenig versteht? Sie erzielen einen *Gewöhnungseffekt*, der einen weiteren Schritt in Zielrichtung darstellt. Nachdem Sie sich ein wenig an die erschwerten Bedingungen, in diesem Fall die Hochgeschwindigkeit, gewöhnt haben, kehren Sie wieder zu einem geringeren Tempo zurück. Wenn Sie ein Fahrsicherheitstraining absolvieren, dann machen Sie auch einige Übungseinheiten unter Extrembedingungen. Höchstwahrscheinlich rechnen Sie nicht ernsthaft damit, dass Sie während irgendeiner normalen Fahrstunde sowohl mit Glatteis als auch Aquaplaning, Wildwechsel, Vollbremsung, Ausweichmanövern und Schleudern konfrontiert werden. Dennoch sind Sie anschließend ein besserer Fahrer, weil Sie bewusst unter deutlich überhöhten Anforderungen trainiert haben. Diese besonders hohen Anforderungen werden bei den Drills durch bewusst hohe Geschwindigkeiten erzielt.

Mein Vorschlag lautet wiederum: Probieren Sie die Übungen aus und prüfen Sie nach einigen Versuchen Ihren Fortschritt. Einige davon werden für Sie persönlich nützlicher sein als andere. Gerade deshalb ist aus meiner Sicht ein Experimentieren besonders sinnvoll. Der vorübergehende Verständnisverlust bei höheren WPM-Werten ist normal und erwünscht. Wenn dieser nicht eintritt, dann trainieren Sie für diese Art von Übung zu langsam.

Achtung! Mitmach-Teil geht weiter mit dem ersten Drill! Die folgenden Mitmach-Teile in diesem Kapitel gehen fast nahtlos ineinander über.

Sie nehmen jetzt wieder ein leicht lesbares Buch zur Hand. Ihre Lesehilfe und eine Stoppuhr brauchen Sie auch. Wenn Sie sogar eine Stoppuhr haben, die nach jeder Minute ein akustisches Signal von sich gibt und dabei eventuell auch noch herunterzählt, besitzen Sie die Idealausstattung.

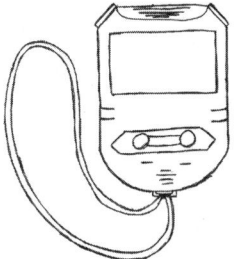

Sie werden bei dieser Übung Ihre Geschwindigkeit jede Minute verändern:

In der ersten Minute lesen Sie mit dem maximalen Tempo, das Ihnen ein gutes Textverständnis ermöglicht. Sie sollten das Gefühl haben, dass Sie die Kerngedanken verstehen und mehr als die Hälfte aller Fragen zum Text beantworten könnten, d.h. ca. 60-80 Prozent Textverständnis. Dieses Tempo nennen wir zur Vereinfachung ab sofort *Verständnistempo (VT)*.

Verständnistempo (VT): Maximaltempo mit 60-80 % Verständnis

Wenn im Folgenden der Begriff Verständnistempo fällt, wissen Sie was gemeint ist.

In der zweiten Minute lesen Sie doppelt so schnell, in der dritten Minute dreimal so schnell. Damit ist eine Runde abgeschlossen. Wenn Sie danach in der ersten Minute der zweiten Runde wiederum mit Ihrem Verständnistempo starten, lesen Sie im Regelfall wieder einige WPM schneller. Die zweite Minute der zweiten Runde ist dann natürlich auch entsprechend schneller als die zweite Minute der ersten Runde. Durchlaufen Sie auf diese Weise drei bis vier Runden. Bei jeder Runde werden Sie schneller. Starten Sie jede Minute derselben Runde an der gleichen Textstelle. Verwenden Sie aber für Folgerunden einen neuen, ungelesenen Textabschnitt.

Wie erreichen Sie ausreichend hohe Geschwindigkeiten? Sie führen Ihre Augen wiederum unter Einsparung der Randbereiche einfach schneller über die Zeilen. Während

Sie die bisherigen Steigerungen über das Einsparen von Hand- und somit Augenbewegungen vollzogen haben, streben Sie jetzt schnellere Hand- und Augenbewegungen an. Die Bewegung bleibt gleich, sie ist einfach nur rasanter. Wichtig ist, dass Sie die Führung Ihrer Augen auch bei diesen erhöhten Anforderungen zulassen. Konzentrieren Sie sich darauf, alle Wörter zu sehen und wenigstens die Schlüsselwörter zu identifizieren.

Mitmach-Teil Nr. 17 (Drill Nr. 1)

1. Runde
1) 1 Min: Verständnistempo (VT), bspw. 400 WPM
2) 1 Min: 2x VT, bspw. 800 WPM
3) 1 Min: 3x VT, bspw. 1200 WPM

2. Runde
1) 1 Min: *Neues(!)* VT, bspw. 420 WPM
2) 1 Min: 2x *neues* VT, bspw. 840 WPM
3) 1 Min: 3x *neues* VT, bspw. 1260 WPM

3. Runde
1) 1 Min: *Neues(!)* VT, bspw. 440 WPM
2) 1 Min: 2x *neues* VT, bspw. 880 WPM
3) 1 Min: 3x *neues* VT, bspw. 1320 WPM

Tipp zur vereinfachten Geschwindigkeitsmessung und Temposteuerung: Orientieren Sie sich an der Textmenge. Es kommt nicht darauf an, dass Sie haargenau eine Ver-dopplung bzw. eine Verdreifachung erzielen. Wenn Sie beispielsweise in der ersten Minute anderthalb Seiten lesen, dann lesen Sie in der nächsten Minute drei Seiten.

Büroklammern eignen sich zur Stellenmarkierung besonders gut, weil Sie sich leicht verschieben lassen. Vielleicht haben Sie sich darüber gewundert, dass die Beispielzahlen von Runde zu Runde zunehmen. Dies soll lediglich den gewünschten Trainingseffekt widerspiegeln. Der Vergleich der einzelnen Runden ist für Sie daher auch eine Rückmeldung über die Wirksamkeit des Trainings.

Es ist gut möglich, dass Sie einige Minuten benötigen, um ein Gefühl für unterschiedliche Geschwindigkeiten zu bekommen. Versuchen Sie einfach, möglichst genau den jeweiligen Zielwert zu treffen. Sie können gerne weitere Runden absolvieren. Nach drei bis vier Runden empfiehlt sich jedoch eine kleine Pause. Stehen Sie auf, atmen Sie tief durch und beschäftigen Sie sich kurz mit einem anderen Thema.

Varianten:
a) Lesen Sie im Text kontinuierlich weiter! Sie starten also die zweite und dritte Minute innerhalb einer Runde nicht auf bekanntem Terrain. Der WPM-Wert während Ihres letzten Verständnistempos (erste Minute der letzten Runde) spiegelt Ihre aktuelle Leseeffektivität wider. Tragen Sie diesen neuen Wert ein und freuen Sie sich über das Ergebnis!

Jetzt lese ich mit   WPM

b) Eine Abwandlung dieses Drills, die ich persönlich öfters bei Artikeln verwende, funktioniert wie folgt: Sie steigern Ihre WPM-Werte wie oben beschrieben, aber das Tempo bleibt nur während der ersten Minute konstant. Die zweite Minute lesen Sie nur den ersten Satz eines Absatzes mit Verständnistempo. Den Rest des Absatzes lesen Sie aber so schnell, dass Sie für die zweite Minute insgesamt wieder auf eine Verdopplung kommen. In der dritten Minute lesen Sie wiederum den ersten Satz jedes Absatzes mit Verständnistempo und steigern beim Rest entsprechend, um eine Ver-dreifachung zu erzielen. Das Verstehen des ersten Satzes gibt Ihnen ein Gerüst für die darauf folgenden Sätze.

Eine solche *Tempovariation* ist besonders bei Texten über Themen, zu denen Sie ein relativ gutes Hintergrundwissen besitzen, nützlich. Wenn Sie den Gedankengang bereits verstanden haben und es folgen anschließend nur noch weitere Erklärungen, Wiederholungen und Beispiele, dann ist das Weiterlesen mit Verständnistempo vielleicht nicht die bestmögliche Verwendung Ihrer Zeit. Ebenso sind manche Passagen eines Artikels, Buches, Berichtes oder einer E-Mail aus anderen Gründen nicht besonders relevant für Sie. Achten Sie beim Lesen im Alltag auf solche Situationen, um Zeit zu sparen, und verwenden Sie diese gleichzeitig als Drilleinheiten.

Eine sinnvolle *Übungsdauer* wäre z.B. eine viertel- bis halbstündige Einheit. Beim PoweReading spricht nichts gegen ein intensives Trainieren. Manchen Menschen liegen regelmäßige (kürzere) Einheiten besser. Andere Personen beschäftigen sich lieber seltener, dafür aber länger mit einem Thema (eine Variante hierzu ist das Besuchen eines Seminars, siehe Kontaktinformationen im Anhang oder www.peoplebuilding.de).

Alle Drillübungen finden Sie zwecks Übersichtlichkeit (für ein weiteres Training in der Zeit nach dem Bearbeiten dieses Buches) im Anhang.

Als nächstes folgt eine Übung zur *Erkennungsgeschwindigkeit*. Diese funktioniert so wie die Übung mit dem blitzartigen Aufdecken eines Wortes. Der Unterschied besteht lediglich darin, dass Sie nicht nur ein Wort, sondern einen dreizeiligen Absatz aufdecken und diesen komplett auf einmal wahrnehmen. Drei Zeilen auf einmal? Ja, die Struktur des Absatzes ist jedoch anfangs sehr entgegenkommend und wird später erst zunehmend schwieriger. Versuchen Sie einfach den Absatz so genau wie möglich aus der blitzartigen Wahrnehmung heraus zu rekonstruieren. Sie werden bestimmt erstaunt sein, wie viel Sie auch *vertikal* außerhalb Ihrer direkten Fixierung wahrnehmen können. Schauen Sie sich den Absatz nach der Rekonstruktion zur Kontrolle nochmals genau an. Sie brauchen hierfür wiederum etwas zum Zudecken des jeweiligen Textabschnittes.

Mitmach-Teil Nr. 18 (Erkennungstempo Nr. 2)

Baum Baum Baum
Baum Baum Baum
Baum Baum Baum

Pferd Pferd Pferd
Pferd Pferd Pferd
Pferd Pferd Pferd

Kiefer Kiefer Kiefer
Kiefer Ostern Kiefer
Kiefer Kiefer Kiefer

Blatt Handy Blatt
Blatt Handy Blatt
Blatt Handy Blatt

Stück Recht Stück
Recht Stück Recht
Stück Recht Stück

ab und zu ab und zu
ab und zu ab und zu
ab und zu ab und zu

Auto mit Reifen
Reifen mit Auto
Auto mit Reifen

Turbo-Geschwindigkeit

Anlage mit Boxen
Anlage ohne Boxen
Anlage ohne Boxen

Zeit und Raum
Zeit ohne Raum
Zeit im Raum

Handy ist nicht neu
Handy ist ganz neu
Handy ist nagelneu

Bunte Fotos von ihm
Bunte Fotos von ihr
Bunte Fotos von mir

Auto vor der Inspektion
Auto bei der Inspektion
Auto nach der Inspektion

Risiko trotz Versicherung
Risiko durch Versicherung
Risiko ohne Versicherung

Grüne Wiese im Sommer
Sommergrüne Wiese
Wiesengrüner Sommer

Schnee zu Weihnachten
Weihnachten ohne Schnee
Schneeweiße Weihnachten

Wie ist es Ihnen bei dieser Übung ergangen? Anfangs war es sicher vergleichsweise einfach, den kompletten Absatz korrekt wiederzugeben. Ein Blick genügt, um das Wort „Baum" zu erkennen. Ihr Gehirn ist aber zusätzlich auch noch in der Lage zu erkennen, dass alle übrigen Wörter in den darunter liegenden Zeilen identisch sind. Je mehr verschiedene Wörter in dem Absatz sind und je mehr die Reihenfolge dieser Wörter vertauscht wird, desto schwieriger wird die Texterkennung in dieser kurzen Zeit.

Zurück zu richtigen Lesetexten und dem nächsten Drill!

Um Sie nicht mit Wiederholungen zu langweilen, gehe ich in Zukunft davon aus, dass Sie wissen, welche Gegenstände Sie für Drills (ungelesene Buchseiten, Lesehilfe, Stoppuhr, Büroklammern) und Aufdeckübungen (Abdeckmaterial) benötigen.

Mitmach-Teil Nr. 19 (Drill Nr. 2)

1. Runde
1) 1 Min: VT, bspw. 400 WPM
2) 1 Min: VT + 100 WPM, bspw. 500 WPM
3) 1 Min: VT + 200 WPM, bspw. 600 WPM
4) 1 Min: VT + 300 WPM, bspw. 700 WPM
5) 1 Min: VT + 400 WPM, bspw. 800 WPM
6) 1 Min: VT + 500 WPM, bspw. 900 WPM

2. Runde
1) 1 Min: *Neues(!)* VT, bspw. 500 WPM
2) 1 Min: *Neues(!)* VT + 100 WPM, bspw. 600 WPM
3) 1 Min: *Neues(!)* VT + 200 WPM, bspw. 700 WPM

4) 1 Min: *Neues(!)* VT + 300 WPM, bspw. 800 WPM
5) 1 Min: *Neues(!)* VT + 400 WPM, bspw. 900 WPM
6) 1 Min: *Neues(!)* VT + 500 WPM, bspw. 1000 WPM

Auch dieser Drill dürfte in etwa eine Viertelstunde dauern – je nachdem, wie genau Sie die WPM-Zahl messen.

Varianten:

a) Wenn Sie diese Übung rückwärts durchführen, erzielen Sie einen etwas anderen, aber ebenfalls sinnvollen Trainingseffekt. Dann fangen Sie beispielsweise mit 1000 WPM an und reduzieren das Tempo schrittweise bis Sie bei Ihrem (neuen) Verständnistempo angekommen sind.

b) Statt zwei Runden mit zunehmendem Tempo oder zwei Runden mit abnehmendem Tempo können Sie auch pyramidenförmig trainieren, d.h. mit einer Runde Temposteigerung und einer Runde Temporeduzierung.

Wie bei allen anderen Drills auch, können Sie durch die *Tempovariation* innerhalb einer Minute (Sie erinnern sich an die Varianten aus Drill 1?) hierbei ebenfalls eine 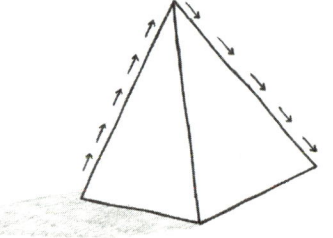 kleine Abänderung erzeugen. Auch können Sie den *Schwierigkeitsgrad* wieder durch das Weiterwandern im Text erhöhen, statt jede Minute derselben Runde an der gleichen Textstelle zu beginnen. Diese beiden Zusatzvarianten in diesem Absatz werden im Folgenden nicht mehr explizit erwähnt, weil Sie das Prinzip kennen und selbst jeweils auf die nachfolgenden Drilleinheiten übertragen können, um weitere Versionen zu entwerfen.

Nun springen wir wieder zu einer Erkennungsübung. Sie versuchen jeweils den Inhalt von *zwei Zeilen* auf einmal zu sehen und zu erkennen. Die Anzahl der Wörter nimmt dabei immer weiter von zwei auf sechs schrittweise zu. Die Wörter gehören jedoch jeweils zu einer Sinngruppe. Es ist wiederum nur ein blitzartiges Aufdecken erlaubt.

Mitmach-Teil Nr. 20 (Erkennungstempo Nr. 3)

Hanni
Nanni

Donald
Dagobert

Schnelllese-
Techniken

Papier
Pappe

Acker
Feld Wiese

Mutter
Vater Kind

Biologie
Chemie Physik

Schnee
Regen Hagel

Einrad Fahrrad
Dreirad Auto

Tasse Teller
Glas Besteck

Badminton Tennis
Squash Tischtennis

Gymnasium Hauptschule
Realschule Gesamtschule

Kreis Dreieck Quadrat
Fünfeck Sechseck

groß gigantisch
hoch breit riesig

Klavier Trompete Geige
Gitarre Schlagzeug

Laufen Gehen Spazieren
Rennen Wandern

grün gelb braun
blau orange rot

Buche Tanne Kiefer
Birke Fichte Ahorn

Wort Seite Absatz
Satz Artikel Buchstabe

Tastatur Monitor Drucker
Scanner Festplatte Maus

Ist diese Übung künstlich einfach gehalten? Nein, auch in ganz normalen Lesetexten finden Sie Aufzählungen. Zudem hängen die Wörter eines jeden Absatzes inhaltlich zusammen. Je schneller Sie ganze Wortgruppen erkennen können, desto schneller lesen Sie.

Auf geht's zum nächsten Drill! Jetzt lesen Sie vier Minuten lang mit Ihrem aktuellen Verständnistempo. Dann markieren Sie, wie weit Sie in diesen vier Minuten gekommen sind. Als nächstes lesen Sie denselben Textabschnitt in drei Minuten, danach in zwei Minuten und zum Schluss in nur einer Minute. Bemühen Sie sich bei jeder Temposteigerung den Inhalt des (bekannten) Textes weiterhin zu verfolgen. Versuchen Sie auch bei höchstem Tempo die jeweiligen Passagen und den Lauf des Textes erneut zu erkennen.

Mitmach-Teil Nr. 21 (Drill Nr. 3)
1. Runde
4 Min: VT, bspw. 500 WPM

2. Runde
Gleicher(!) Textabschnitt in 3 Min, bspw. 667 WPM

3. Runde
Gleicher(!) Textabschnitt in 2 Min, bspw. 1000 WPM

4. Runde
Gleicher(!) Textabschnitt in 1 Min, bspw. 2000 WPM

Auch hierbei können Sie zur Abwechslung mit dem Extremtempo von bspw. 2000 WPM starten und schrittweise die Geschwindigkeit drosseln. Selbstverständlich ist auch das pyramidenförmige Training wieder eine Option.

Drills eignen sich übrigens nicht nur zu Trainingszwecken, um dauerhaft schneller zu sein. Probieren Sie Drills auch als *Aufwärmübung* vor einer längeren Leseeinheit. Sie werden kurzfristig sogar noch einen stärkeren Steigerungseffekt verspüren. Auch wenn Sie zwischendurch beim Lesen merken, dass Sie wieder langsamer werden, können Sie eine kurze Tempoeinheit einstreuen. Nehmen Sie dazu einfach einen anderen Text, der nicht so wichtig für Sie ist und lesen Sie eine bis drei Minuten mit Hochgeschwindigkeit. Ihre Augen und Ihr Gehirn gewöhnen sich dann wieder an das zügigere Tempo.

Vertikales Training

Jetzt schwenken wir wieder zu einer Erkennungsübung um, die zugleich Konzentration erfordert und Ihr vertikales Aufnahmevermögen schult (dies haben wir schon in der letzten Erkennungsübung begonnen zu trainieren). Dieses Mal arbeiten wir mit Zahlen. Sie versuchen nun jeweils ein Zahlenpaar beim blitzartigen Aufdecken vollständig zu identifizieren. Zahlen sind bei gleicher Breite schwieriger zu erkennen, weil Sie auch als Gruppierung in der Regel keinen Erkenntniswert besitzen. Die Ziffernfolge 301264 hat für Sie aller Wahrscheinlichkeit nach keine Bedeutung, es sei denn, diese entspricht z.B. zufälligerweise Ihrem Geburtsdatum. Sie finden nachfolgend jeweils zwei 6-stellige Zahlenfolgen untereinander, welche sich anfangs lediglich durch eine Ziffer unterscheiden und später durch mehrere.

121

Mitmach-Teil Nr. 22 (Erkennungstempo Nr. 4)

49204	39601	29503	19582
49214	34601	99503	19583
33969	20194	20968	84721
13969	23194	20978	84722
29587	85721	05871	75409
25487	85611	43871	75433
02947	48574	94875	43298
02117	43274	94985	43558
09845	59867	67920	83982
93745	59298	97943	05482
76483	02876	45780	85220
76332	21864	54380	94223
09487	76840	52960	98763
63757	96733	63068	55353
92682	09853	98865	28873
76372	48763	68554	09463
09872	78443	43554	09887
87356	54368	09877	65470
98735	09543	15485	59842
65343	54362	87659	93337

Vermutlich sind Sie nicht fehlerlos bis zum Schluss der letzten Übung gekommen. Wenn doch, dann sind Sie außerordentlich gut! Ganz gleich, wie weit Sie gekommen sind, Sie haben durch die letzten beiden Erkennungs- übungen selbst erlebt, dass sich Ihr peripheres Sehvermögen nicht nur auf die Horizontale erstreckt, sondern auch auf die Vertikale. Diese Erfahrung werden wir zunächst vertiefen und anschließend bei einem weiteren Drill beim Lesen nutzen.

Eine häufige Übung zur Erkundung des persönlichen, peripheren Sehvermögens ist eine weitere Daumenübung: Halten Sie Ihre beiden Daumen mit ausgestreckten Armen auf Augenhöhe vor sich. Jetzt bewegen Sie Ihre Daumen nach links und rechts voneinander weg. Dabei lassen Sie Ihren Blick weiterhin geradeaus gerichtet. Testen Sie, wie weit Sie Ihre Daumen auseinander führen können und dennoch beide gleichzeitig wahrnehmen können. Bewegen Sie Ihre Daumen auch ein wenig hin und her, um zu überprüfen, ob sie sich noch in Ihrem (peripheren) Blickfeld befinden. Die meisten Menschen sind überrascht, wie breit Ihr Blickfeld ist.

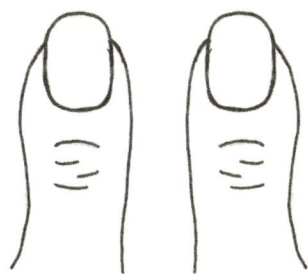

Dasselbe können Sie statt in horizontaler auch in vertikaler Ebene ausprobieren. Halten Sie dazu einfach Ihre Daumen parallel übereinander und führen Sie diese nach oben und unten auseinander. Die wahrnehmbare Spanne ist in der Regel in der Vertikalen nicht ganz so ausgedehnt wie in der Horizontalen. V.a. nach oben hin schränkt uns unsere Anatomie deutlich stärker ein.

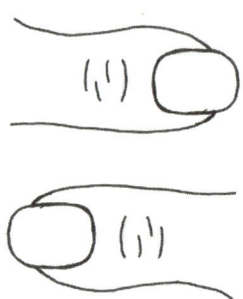

Bisher haben wir uns bei den Leseübungen vorrangig mit der horizontalen Augenbewegung und Blickspanne beschäftigt. Diese ist für die Steigerung der Lesegeschwindigkeit von größerer Bedeutung. Aber auch eine verbesserte Aufnahmefähigkeit in senkrechter Richtung kann nützliche Dienste erweisen – vor allem beim Überfliegen eines Textes und bei Artikeln mit einer geringen Spaltenbreite. Die nächste Drillübung wird Ihr Gehirn wieder auf eine neue Weise herausfordern und ist deshalb für die meisten Personen ungewohnt. Es geht nämlich um *Mehrzeilenlesen.*

In der ersten Minute lesen Sie wie gehabt mit Ihrem Verständnistempo. In der zweiten Minute lesen Sie zwei Zeilen auf einmal, in der dritten Minute drei Zeilen und in der vierten Minute gleich vier Zeilen simultan. Wie soll das funktionieren? Sie führen Ihre Augen wie gewohnt über den inneren Bereich der jeweiligen Zeile(n) von links nach rechts. Ihre Lesehilfe führen Sie jeweils unterhalb der untersten Zeile, die Sie gerade lesen. Beim Dreizeilenlesen suchen Sie die nächsten drei ungelesenen Zeilen und führen die Lesehilfe unter der untersten, d.h. dritten Zeile her. Hierbei versuchen Sie dennoch alle Zeilen zu sehen. Kümmern Sie sich nicht so sehr um das Verständnis, sondern darum, dass Ihre Augen alle Wörter sehen. Die Geschwindigkeit, mit welcher Sie von links nach rechts die Zeile entlang wandern, sollte auch beim Mehrzeilenlesen nicht wesentlich langsamer als beim Verständnistempo sein. D.h. Sie erreichen beim Zweizeilenlesen fast die doppelte, beim Dreizeilenlesen fast die dreifache und beim Vierzeilenlesen fast die vierfache Geschwindigkeit.

Mitmach-Teil Nr. 23 (Drill Nr. 4)

1. Runde
1) 1 Min: 1 Zeile, VT, bspw. 500 WPM
2) 1 Min: 2 Zeilen *simultan(!)*, bspw. knapp 1000 WPM
3) 1 Min: 3 Zeilen *simultan(!)*, bspw. knapp 1500 WPM
4) 1 Min: 4 Zeilen *simultan(!)*, bspw. knapp 2000 WPM

2. Runde
1) 1 Min: 1 Zeile, *neues(!)* VT, bspw. 550 WPM
2) 1 Min: 2 Zeilen *simultan(!)*, bspw. knapp 1100 WPM
3) 1 Min: 3 Zeilen *simultan(!)*, bspw. knapp 1650 WPM
4) 1 Min: 4 Zeilen *simultan(!)*, bspw. knapp 2200 WPM

3. Runde
1) 1 Min: 1 Zeile, *neues(!)*VT, bspw. 600 WPM
2) 1 Min: 2 Zeilen *simultan(!)*, bspw. knapp 1200 WPM
3) 1 Min: 3 Zeilen *simultan(!)*, bspw. knapp 1800 WPM
4) 1 Min: 4 Zeilen *simultan(!)*, bspw. knapp 2400 WPM

Variante:
Sie können beim Mehrzeilenlesen damit *experimentieren*, Ihre Augen anders über den Text zu führen. Beispielsweise können Sie bei einem vierzeiligen Block links oben starten und dann nach rechts unten navigieren. Bei mir persönlich funktioniert das diagonale Lesen ab drei bis vier Zeilen besser als eine rein horizontale Augenbewegung.

Als nächstes geht es darum, den *Sinn* eines Abschnittes in möglichst kurzer Zeit zu erfassen. Bevor wir dies an einem normalen Lesetext trainieren, üben wir zunächst anhand von Sprichwörtern. Diejenigen auf der ersten Seite werden Sie im Regelfall kennen und die auf der zweiten Seite meistens nicht, weil diese bewusst entsprechend ausgewählt und sortiert wurden. Decken Sie den Text einfach so häufig blitzartig auf, bis Sie glauben, das Sprichwort bzw. den Kerngedanken erkannt zu haben. Pausieren Sie jedoch zumindest eine kurze Weile zwischen den Aufdeckvorgängen und bemühen Sie sich jeweils um eine möglichst gute, aktive Rekonstruktion des Gesehenen. Versuchen Sie bewusst das Wahrgenommene zu entschlüsseln, bevor Sie nochmals schauen. Wenn Sie meinen, den Sinn erfasst zu haben, dann lesen Sie das Sprichwort vollständig und überprüfen Sie Ihre Auffassung. Seien Sie nicht um Ihr Lesetempo beim Verstehen eines Sprichwortes besorgt. Aus meiner Sicht sind Sprichwörter außerhalb dieser Übung, bei der es um das Trainieren der selektiven (auf Schlüsselwörter konzentrierten) Wahrnehmung geht, nicht für PoweReading geeignet. Vielfach gibt es eine tiefere Bedeutung oder eine Anregung zum Nachdenken, die beim Lesen mit Hochgeschwindigkeit natürlich verloren geht.

Mitmach-Teil Nr. 24 (Erkennungstempo Nr. 5)

Ein voller Bauch
studiert nicht gern

Viele Köche
verderben den Brei

Gleich und gleich
gesellt sich gern

Ein Bild sagt mehr
als tausend Worte

Jeder ist des Glückes
eigener Schmied

Was Hänschen nicht lernt,
lernt Hans nimmermehr

Einem geschenkten Gaul
schaut man nicht ins Maul

Nach dem Essen sollst Du
ruhen oder tausend Schritte tun

Was Du heute kannst besorgen,
das verschiebe nicht auf morgen

Turbo-Geschwindigkeit

Der Klügere gibt nach,
aber nicht auf

In der Sonne ernten,
im Schatten essen

Erfolg ist der Sieg der
Einfälle über die Zufälle

Rekorde sind dazu da,
um gebrochen zu werden

Nicht die Genialen,
die Zähen erreichen ihr Ziel

Mit den Flügeln der Zeit
fliegt die Traurigkeit davon

Der Scherz ist oft das Loch,
aus dem die Wahrheit pfeift

Wer glaubt, etwas zu sein,
hat aufgehört, etwas zu werden

Dass wir miteinander reden können,
macht uns zu Menschen

Willst Du den Charakter eines
Menschen erkennen, gib ihm Macht

Nehmen Sie sich als nächstes ein Buch oder einen längeren Artikel zur Hand. Versuchen Sie nun ebenfalls, den *Hauptgedanken* einzelner Abschnitte in möglichst kurzer Zeit herauszufiltern. Dieses Mal aber nicht durch blitzartiges Aufdecken, sondern indem Sie Ihre Augen mit Ihrer Lesehilfe über den Abschnitt führen. Die Bewegung kann primär horizontal oder auch vertikal sein. Probieren Sie einfach selbst verschiedene Methoden aus. An dieser Stelle werden bewusst keine Vorgaben hinsichtlich der Augenführung gegeben, damit Sie Ihre eigenen, intuitiven Muster ein wenig kennen lernen. Diese sind möglicherweise für Sie die besten Führungsmuster. Weitere Anregungen finden Sie unter „Überfliegetechniken" im Kapitel 6 „Textarten – Besonderheiten". Empfehlen würde ich jedoch, zumindest kurz zunächst eigene Varianten auszuprobieren und zu beobachten. Anschließend können Sie immer noch die Standardtechniken ausprobieren und überprüfen, welche für Sie besser funktionieren.

Ultimatives Training: Vor & Zurück

Nächster und zunächst letzter Drill!
Für den folgenden Drill benötigen Sie einen Text, der eine mittlere Zeilenbreite besitzt. Ideal wäre zunächst ein relativ kleines Taschenbuch – im Idealfall zu einem Thema, bei welchem Sie ein gutes Hintergrundwissen haben oder auch ein Buch, das Sie bereits gelesen haben. Ein leicht lesbares Buch ist hierbei deshalb so wichtig, weil nun wiederum etwas eingeführt wird, das die meisten Leser noch nie gemacht haben. Gleich werden Sie einzelne Zeilen abwechselnd *vorwärts und rückwärts* lesen. Für den unwahrscheinlichen Fall, dass Sie keinen bisherigen Drill

für verrückt gehalten haben, ist dies eine weitere Gelegenheit, eine solche Reaktion zu provozieren.

Wie funktioniert das Ganze?
Sie führen Ihre Augen mit Verständnistempo wie gewohnt über die erste Zeile von links nach rechts. Danach wandern Sie allerdings nicht auf den Anfang der zweiten Zeile zurück, sondern führen Ihre Augen von rechts nach links über die Zeile. Dadurch verlieren Sie keine Zeit durch das Zurücklaufen zum linken Randbereich. Sie arbeiten so ähnlich wie ein Drucker der älteren Generation, der im Wechsel eine Zeile von links und eine Zeile von rechts beginnt. Eine gewisse Hemmung begleitet die meisten Menschen an dieser Stelle. Es geht auch nicht mit jedem Text. Vor allem müssen Ihr Verständnistempo und die Textbreite in einem günstigen Verhältnis zueinander stehen. Ich persönlich konnte Taschenbücher erst auf diese Weise lesen und gleichzeitig verstehen, als ich den WPM-Wert von ca. 500 hinter mir gelassen hatte. Je breiter der Text, desto schwieriger wird diese Leseweise.

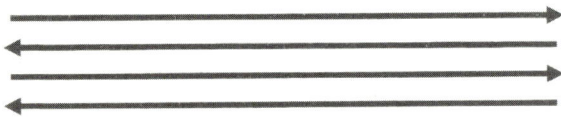

Da es gut möglich ist, dass Sie bezüglich des Rückwärts-lesens weiterhin skeptisch sind, möchte ich Ihnen den typischen Dialog, den ich hierzu häufig mit Seminar-teilnehmern führe, nicht vorenthalten (ZD steht für Zach Davis und TN für Teilnehmer):

ZD: *„Jetzt lesen wir vorwärts und rückwärts. Ihrem Gehirn ist es völlig egal, in welche Richtung Sie lesen!"*

TN: *„Aber ich kann doch nicht von rechts nach links lesen!?"*

ZD: *„Viele Millionen Menschen lesen von rechts nach links oder von oben nach unten!"*

TN: *„Wenigstens wird bei Sprachen, die von rechts nach links geschrieben werden, auch in dieselbe Richtung gelesen und nicht abwechselnd vor-wärts und rückwärts"*

ZD: *„Stimmt, allerdings verstehen Sie Texte auch, wenn Sie die Wörter nicht in der Sinnes-reihenfolge aufnehmen. Gerade im Deutschen wird beispielsweise der nicht-konjugierte Teil eines Verbs auseinander gezogen. Beispiel: Die Komplexität eines Satzes hängt v.a. von seinem Inhalt, aber auch von seiner Struktur, ab."*

Betrachten Sie auch den folgenden Text, der vor einiger Zeit per E-Mail und in diversen Printmedien im Umlauf war:

Gmäeß eneir Sutide eneir elgnihcesn Uvinisterät in Cmbraidge, ist es nchit witihcg in wlecehr Rneflogheie die Bstachuebn in eneim Wrot snid, das Ezniige was wcthiig ist, ist dsas der estre und der leztte Bstabchue an der ritihcegn Pstoiion snid. Der Rset knan ein ttoaelr Bsinöldn sien, tedztorm knan man ihn onhe Pemoblre lseen. Das ist so, wiel wir nciht jeedn Bstachuebn enzelin leesn, snderon das Wrot als Gseatems.

Dies ist übrigens auch ein hervorragendes Beispiel dafür, dass langsames Lesen das Textverständnis durchaus *verschlechtern* kann. Stellen Sie sich vor, dieser Text wäre nicht in seiner Gesamtheit zu sehen, sondern nur Buchstabe für Buchstabe hintereinander eingeblendet. Das langsamere Aufnehmen des Textes würde in diesem Fall sogar zu einem dramatischen Abfall des Verstehens führen.

Das Gehirn ist auch bei einer falschen Wortreihenfolge meistens in der Lage, den richtigen Sinn zu erfassen. Natürlich hat dies Grenzen. Wenn Sie beispielsweise einen ganzen Artikel nehmen und die einzelnen Wörter alphabetisch, der Länge nach oder rein zufällig sortieren, wird das Thema wohl noch erkennbar sein. Der Sinn des Textes ist jedoch nicht mehr zu verstehen. Aber es gibt, sofern Sie schon ein schneller Leser sind, viele Lese-situationen, bei denen Rückwärtslesen funktioniert. Je schneller Sie lesen können, desto mehr Texte können Sie auch auf diese Weise verstehen.

Mitmach-Teil Nr. 25 (Drill Nr. 5)
1. Runde
3 Min: *Vorwärts, rückwärts(!)*, bspw. 600 WPM

2. Runde
3 Min: *Vorwärts, rückwärts(!)*, bspw. 800 WPM

3. Runde
3 Min: *Vorwärts, rückwärts(!)*, bspw. 1000 WPM

Das Füttern des Gehirns mit Informationen, die teilweise in einer unüblichen Reihenfolge eingespeist werden, kann eine gewisse Gewöhnungsperiode bedingen. Experimentieren Sie hierbei mit verschiedenen Geschwindigkeiten. Eine Erhöhung kann gerade bei dieser Art zu lesen durchaus zu einem etwas besseren Verständnis führen. Sollten immer noch Buchstabendreher in diesem Buch zu finden sein, wissen Sie jetzt, dass dies natürlich kein Versehen, sondern Absicht ist (nur ein Spaß, ich bin für die Mitteilung von Fehlern und Verbesserungsvorschlägen dankbar).

Machen Sie ein Spiel daraus, selber neue Varianten zu erfinden. Ein wesentlicher Teil des PoweReading-Automatic-Trainers (100-Euro-Gutschein in diesem Buch anwendbar!) ist, neben dem Seminar auf Video und den Blickspannenübungen, eine Menge automatisch ablaufender Drills nach bewährten Mustern, die Ihren weiteren Fortschritt garantieren. Übrigens finden Sie eine überblicksartige Darstellung der bisherigen Drilleinheiten und einiger weiterer im Anhang „Übersicht Drills".

Subvokalisieren

Es gibt noch ein Thema, das der Vollständigkeit halber in den Bereich Geschwindigkeit gehört. Dieses ist jedoch aus meiner Sicht, entgegen der Meinung einiger Trainerkollegen (deren Meinung ich durchaus meistens sehr schätze), nicht von besonders hoher Bedeutung: Das

133

Subvokalisieren. Was bedeutet dieser Begriff? Subvokalisieren bezeichnet das laute und auch gedankliche Mitsprechen beim Lesen. Sicher haben Sie schon mal Kinder beobachtet, die zumindest einige Laute mitsprechen und nur mit Anstrengung diese Laute unterdrücken können. Eine mildere Version des Subvokalisierens ist das leichte Mitbewegen der Lippen bei manchen Buchstaben(kombinationen), ohne dass Laute produziert werden. Selbst ein rein gedankliches Mitsprechen des Textes, das von außen nicht wahrnehmbar ist, wird als Subvokalisieren bezeichnet.

Häufig wird argumentiert, dass subvokalisierende Leser sich hierdurch selber bremsen und nicht schneller lesen können, als Sie sprechen können. Ich beobachte bei Subvokalisierern fast ausnahmslos Folgendes: Bei zunehmender Geschwindigkeit nimmt das Subvokalisieren automatisch ab und beschränkt sich auf immer weniger Wörter, weil das Sprechen einfach nicht mehr mit dem Lesetempo Schritt halten kann. Das Problem (wenn es überhaupt eines ist) verschwindet ohne explizite Anstrengung, das Subvokalisieren zu unterdrücken. Außerdem kann es durchaus sinnvoll sein, einige Schlüsselwörter zumindest ansatzweise bzw. geistig zu subvokalisieren. Einige extrem schnelle Leser subvokalisieren ein paar wenige Schlüsselwörter, um die Inhalte besser zu behalten.

Das Wichtigste in Kürze

- Eine systematisch sinnvolle Überforderung Ihrer Lesefähigkeiten bringt weitere Steigerungen

- Viele Menschen lesen langsamer, als es für das Textverständnis optimal wäre

- Gute Drills erhöhen Ihr Verständnistempo

- Das periphere Sehvermögen ist erstaunlich groß

- Das periphere Sehen in vertikaler Richtung lässt sich ausbauen und für das Mehrzeilenlesen nutzen

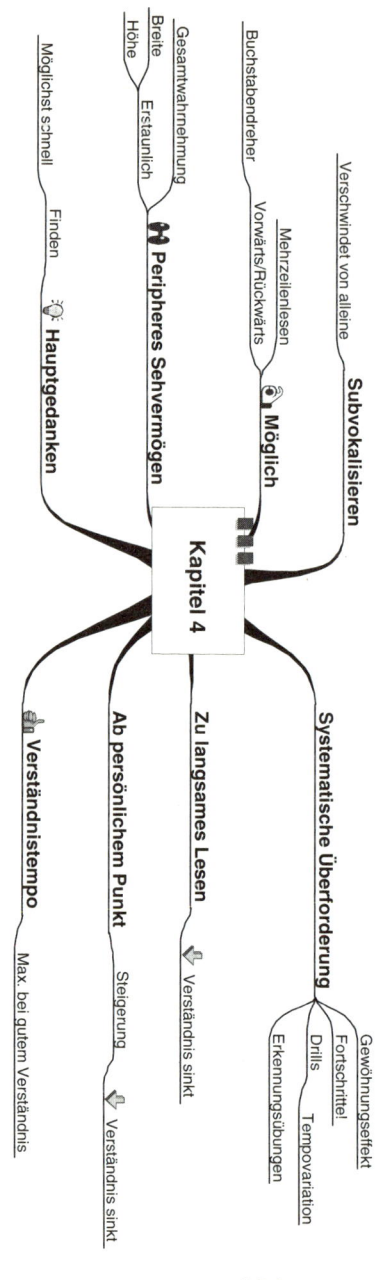

Gedankenlandkarte zu Kapitel 4

Kapitel 5:
Gute Rahmenbedingungen

Welche Bedingungen sind es, die ein effektives Lesen begünstigen bzw. behindern? Nicht immer liegen alle Faktoren in Ihrer Hand. Wenn Sie unterwegs gerade in der Bahn oder im Flugzeug sitzen bzw. in der Warteschlange stehen, dann werden in der Regel beispielsweise die Lichtverhältnisse nicht ideal sein. Dennoch sollten Sie die optimalen Lesebedingungen kennen, um sich diesen in der jeweiligen Situation bestmöglich annähern zu können. Hierbei muss ergänzt werden, dass die hier dargestellten Faktoren solche sind, die sich für die *Mehrheit* der Leser als *begünstigend* herausgestellt haben. Dies bedeutet nicht zwingend in jeder Hinsicht, dass diese auch für Sie persönlich die bestmöglichen Bedingungen sind – interpersonelle Unterschiede, Prägungen und Präferenzen gelten natürlich auch für die Rahmenbedingungen eines effektiven Lesens. Beispielsweise sind Menschen mit einer hellen Augenfarbe im Durchschnitt lichtempfindlicher. Die meisten Aspekte sind allgemeingültig, einige jedoch nicht.

Physisches: Abstände, Haltung & Licht

Wo sollte sich das zu lesende Buch befinden?
Logischerweise sollte es vor Ihnen sein und v.a. aufgeschlagen – so viel zu den Grundvoraussetzungen. Aber in welchem Abstand, auf welcher Höhe und in welchem Winkel? Schnelle Leser vergrößern (im Vergleich zu

langsamen Lesern) meistens den *Abstand* zwischen Ihren Augen und dem Lesematerial. Welchen Vorteil hat ein vergrößerter Abstand zwischen Augen und Text? Sie erinnern sich an Ihre Blickspanne? Die hatten wir in Zentimetern gemessen. Das war für unsere bisherigen Zwecke auch absolut ausreichend und angebracht. Genauer betrachtet, ist Ihre Blickspanne jedoch ein Winkel mit einer bestimmte Gradzahl. Wenn Sie in die Ferne schauen, dann haben Sie (gutes Wetter und Sehschärfe vorausgesetzt) eine Blickspanne, die sogar viele Kilometer breit ist. Für unser Lesen bedeutet ein größerer Abstand zum Text, dass wir eine höhere Zahl von Wörtern mit einer Blickspanne und somit einer Augenfixierung abdecken können. Ab irgendeinem Punkt, der vor allem von der Schriftgröße abhängt, wird die Entfernung jedoch zu groß. Die Wörter erscheinen derart klein, dass deren Aufnahme zu mühsam wird. Ein guter Abstand für die meisten Texte und Leser ist die eigene Armlänge. Diesen finden Sie am leichtesten, wenn Sie Ihr Buch mit annähernd oder ganz ausgestreckten Armen vor sich halten.

Das Lesematerial sollte sich zwar *unterhalb der Augenhöhe* befinden, aber idealerweise nicht so tief, dass Ihre Nackenmuskulatur überstreckt wird. Achten Sie von Zeit zu Zeit darauf, welche Höhe bei Ihnen zu einer möglichst geringen Verspannung im Nacken- und Schulterbereich führt. Wenn Sie nicht die Möglichkeit der Höhenanpassung Ihres Schreibtisches haben, können Sie vielleicht verschieden dicke Unterlagen für das Lesematerial benutzen oder die Höhe Ihres Stuhls verstellen.

Meistens werden zu lesende Bücher auf eine horizontale Fläche, wie zum Beispiel den Schreibtisch gelegt. Deutlich günstiger für das Sehen des Textes ist es jedoch, wenn der obere Teil des Buchs höher liegt als der untere. Im Idealfall beträgt der Winkel zwischen Ihrem Blick und der Buchseite ungefähr *90 Grad*. Stellen Sie sich vor, dass Sie eine Linie von Ihren Augen zum Buch ziehen. Diese Linie sollte in etwa im rechten Winkel auf das Buch fallen. Je höher Sie das Buch positioniert haben, desto stärker sollte der obere Teil des Buchs daher zu Ihnen geneigt sein, d.h. desto dicker sollte die Unterlage unter diesem Teil sein. Experimentieren Sie mit verschiedenen Abständen, Höhen und Winkeln. Es gibt übrigens auch spezielle Halterungen für Bücher. Allein schon das bewusste Infragestellen Ihrer bisherigen Gewohnheiten kann eine weiter voranschreitende Lese-effektivität mit sich bringen.

Eine gute *Sitzhaltung* ist gleich aus mehreren Gründen besonders wichtig. Gerade bei längeren Leseeinheiten führt ein Sitzen mit gekrümmtem Rücken beispiels-weise meistens zu unangenehmen Ver-spannungen der Muskulatur. Wenn Sie das Gefühl haben, dass Ihre Aufnahmefähigkeit an seine Grenzen stößt, dann sind es in erster Linie Ihre Muskeln und nicht Ihre Gehirnzellen, die ermüdet sind. Das Gehirn ist den ganzen Tag über mit der Aufnahme und Verarbeitung von Sinnesreizen beschäftigt. Selbst das Lesen komplizierter Sachverhalte stellt an das Gehirn keine außerordentlich hohe Belastung dar. *Ermüdungserscheinungen* sind somit primär dem muskulären Bereich zuzuordnen. Eine gute Körperhaltung begünstigt daher Ihre Belastungs-fähigkeit. Bemühen Sie sich um ein aufrechtes Sitzen, bei dem Ihre Schultern nicht nach vorne hängen, sondern entspannt am Oberkörper sitzen. Besonders das Nachobenziehen der Schultern (und auch das Zusammenpressen von Ober- und Unterkiefer) sind *Stresssignale*. Ein aufrechtes und entspanntes Sitzen ist förderlich für die Durchblutung und somit den Sauerstofftransport an das Gehirn. Gerade die *Sauerstoffversorgung* des Gehirns ist von immenser Bedeutung. Zwar macht das Gehirn nur ca. zwei bis drei Prozent des gesamten Körpergewichts aus (wenn es deutlich weniger ist, dann hat dies nichts mit mangelnder Intelligenz zu tun, sondern liegt meistens am Lebensstil), verbraucht aber 25 Prozent des aufgenommenen Sauerstoffs. Aus dieser Gegenüberstellung heraus wird die Bedeutung eines effizienten Sauerstofftransportes für die Gehirnarbeit, zu welcher auch Lesen gehört, deutlich.

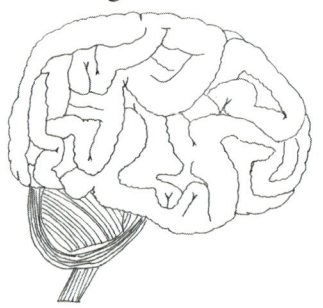

Passen Sie Ihre *Sitzhöhe* möglichst so an, dass Sie Ihre Füße nebeneinander auf den Boden stellen können, um einen Teil der Belastung Ihres Rückens abzufangen. Machen Sie es sich zur Gewohnheit, Ihre Füße auch tatsächlich nebeneinander hinzustellen. Das Übereinanderschlagen der Beine ist zwar stark verbreitet, aber physiologisch (u.a. für die Durchblutung und den Fluss elektrischer Impulse) ungünstig.

Eine zu hohe Bequemlichkeit ist weder für Ihren Bewegungsapparat gesund, noch für Ihre Aufmerksamkeit optimal. Vielleicht kennen Sie aus eigener Beobachtung das Phänomen, dass Sie in besonders bequemer Haltung eher müde werden als wenn Sie aufrecht an einem Tisch sitzen.

Durch ein aufrechtes Sitzen signalisieren Sie Ihrem Gehirn, dass Wachheit und Aufmerksamkeit gefordert sind. Durch ein Sitz-Liegen hingegen senden Sie Ihrem Gehirn das Signal, dass es jetzt Zeit zum Ausruhen bzw. Schlafen ist. Das Gehirn reagiert hierauf u.a. durch die Ausschüttung entsprechender Hormone.

Natürlich ist es in keiner Weise erforderlich, ein Sklave der eigenen Haltung zu werden. Achten Sie bei längerem Sitzen auf diese Aspekte und entwickeln Sie Gewohnheiten, die Sie unterstützen statt Sie zu behindern. Dies ist vergleichbar mit der Ernährung: Wenn Sie ab und zu mal etwas „Ungesundes" essen, kann Ihr Körper dies in der Regel kompensieren – solange gesundheitsförderliche Nahrungsmittel die Basis Ihrer Ernährung bilden.

Eine besondere Rolle für die Augen spielt das *Licht*. Schlechte Lichtverhältnisse führen zu einer unnötigen Anstrengung für die Augen. Welche Lichtverhältnisse sind am besten zum Lesen geeignet? Ein möglichst hoher Anteil an natürlichem Licht, d.h. *Tageslicht* sollte angestrebt werden. Vor allem im Winter ist Tageslicht nicht immer in gewünschter Menge vorhanden. Die Beleuchtung sollte möglichst den ganzen Raum erhellen. Wenn Sie nur eine kleine Lichtquelle haben, dann ist der Helligkeitsunterschied zwischen dem Lesematerial und der Umgebung meistens recht hoch. Die Augenbelastung steigt dadurch deutlich an. Nicht immer gibt es einen praktikablen Ausweg. Bei einem Nachtflug werden Sie typischerweise nur die Wahl zwischen einer kleinen Lesebeleuchtung und dem Verzicht auf das Lesen haben – es sei denn Sie haben eine Blindenbuchbibliothek an Bord und beherrschen zugleich die notwendige Technik. Praktikabler sind in solchen Fällen

Audioprodukte. Viele Bücher sind mittlerweile als Kassetten oder CDs erhältlich und können eine produktivere Zeitnutzung ermöglichen: Beispielsweise bei Autofahrten, oder wenn Sie keine Lust haben bzw. zu müde sind, um aufmerksam zu lesen.

Die Lichtquelle sollte sich möglichst schräg hinter und über Ihrer Schulter befinden – und zwar auf der Seite, auf welcher Sie nicht schreiben bzw. Ihre Lesehilfe führen, damit diese keine unnötigen Schatten auf den Text wirft. Wenn Sie mehrere, ähnlich helle Lichtquellen aus verschiedenen Richtungen haben, reduziert sich die Schattenbildung ohnehin.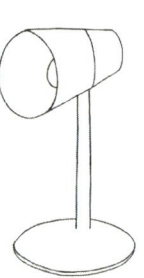

Die beste Tageszeit

Wenn Sie die Möglichkeit haben den *Zeitpunkt* Ihres Hauptlesepensums zu steuern, dann achten Sie auf Ihre persönliche *Leistungsschwankungen* über den Tag. Diese „Formschwankungen" sind nicht bei jeder Person gleich. Die meisten Menschen sind am Vormittag besonders leistungsfähig, fallen nach dem Mittagessen in ein Tief und erholen sich im Laufe des Nachmittags wieder davon. Wenn Sie Ihre eigene Leistungskurve nicht kennen, dann achten Sie bewusst darauf und nutzen Sie die besseren Phasen für Aufgaben, die eine höhere Konzentration erfordern. Routineaufgaben können Sie auch mit halber Kraft erledigen. Dies gilt natürlich auch für andere Tätigkeiten. Vielleicht gibt es auch Aufgaben, die noch mehr

Konzentration erfordern als das Lesen. Macht es nicht Sinn, die wichtigsten Aufgaben in Hochform zu erledigen?

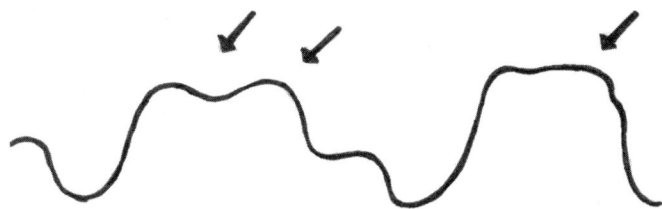

Stellen Sie auch so gut wie möglich sicher, dass Sie während Ihrer Lesezeit nicht ständig unterbrochen werden. Klassische *Störzeiten* im Unternehmen sind vormittags von zehn bis zwölf Uhr und nachmittags zwischen 15 und 17 Uhr. Wenn die Hauptstörzeiten bei Ihnen ähnlich aussehen, dann nutzen Sie z.B. die Mittagszeit oder die frühen Morgenstunden zum Lesen. Was können Sie außerdem noch machen, um nicht gestört zu werden? Sie können das Telefon umstellen und im Sekretariat Bescheid geben, dass Sie nur in Notfällen erreichbar sind. Auch ein Schild an der Tür mit einem freundlichen, aber klaren Hinweis kann hilfreich sein. Der Text könnte z.B. lauten: „Im Augenblick arbeite ich hochkonzentriert. Ab 15:00 stehe ich Ihnen gerne zur Verfügung. Danke für Ihre Unterstützung."

Eine solche Maßnahme wird die Anzahl der Unterbrechungen deutlich reduzieren und zugleich bei den meisten Menschen auf Verständnis stoßen, sofern Ihre Nicht-Verfügbarkeit nicht die Regel darstellt.

Wenn Ihre Gedanken übrigens trotz Unterbrechungsfreiheit nicht beim Lesetext sind, sondern um *andere* Themen kreisen, dann kann es hilfreich sein, das Lesen kurz zu unterbrechen. Machen Sie einfach ein paar Kurznotizen zu diesen Themen, um Ihr Gehirn zu beruhigen und diesem mitzuteilen, dass es sich durchaus wieder auf den Lesetext konzentrieren darf. Angenommen, Sie möchten die Unterlagen eines Bewerbers sichten, weil dieser in wenigen Minuten zum Vorstellungsgespräch eintreffen wird. Ihre Gedanken kreisen allerdings ständig um die Vorbereitung eines sehr wichtigen Termins, der erst am nächsten Tag stattfindet. Wenn Sie ein paar Kurznotizen hierzu machen, senden Sie Ihrem Gehirn folgende Botschaft: „Hallo Gehirn, du kannst dich ruhig auf die Bewerbungsunterlagen konzentrieren. Die einzelnen Vorbereitungsaktivitäten sind aufgeschrieben und gehen daher nicht verloren." Ein paar Stichworte können Wunder wirken und im Endeffekt deutlich Zeit sparen.

Musik, Gesundheit & Wartezeiten

Eine Frage, die im Zusammenhang mit der Leseumgebung häufig gestellt wird, ist, ob *Musik* beim Lesen hinderlich oder förderlich ist. Hierauf kann keine allgemeingültige Antwort gegeben werden. Dies hängt sowohl von der Art der Musik als auch vom *Lerntyp* ab. Gerade Menschen, die sehr stark auditiv geprägt sind, empfinden Musik häufig als ablenkend. Auditiv geprägte Personen können gehörte Informationen leichter aufnehmen als Reize, die über andere Sinneskanäle eintreffen. Sie haben eine Präferenz für Akustik gegenüber den anderen beiden Hauptkanälen Sehen (visuell) und Fühlen (kinästhetisch). Diese führt dazu, dass bei gleichzeitigem Eintreffen von visuellen und auditiven Reizen, die

Aufmerksamkeit stärker auf das Gehörte gerichtet wird. Dies wäre beim Versuch, einen Text (visueller Vorgang) aufzunehmen, störend. Manche Leser empfinden Musik überhaupt nicht als Ablenkung. Wieder andere können sich bei leiser, klassischer Musik im Hintergrund sogar besser konzentrieren als ohne Musik, empfinden aber jede andere Musik als störend.

Auch Ihr allgemeiner *Gesundheitszustand* beeinflusst Ihre Leseleistungsfähigkeit. Ausführliche Anweisungen für eine gesunde Lebensweise wären in diesem Buch sicher fehlplatziert. Auch sind Sie vielleicht die mahnenden Worte über die nachfolgend aufgelisteten Lebensgewohnheiten leid. An dieser Stelle sei nur auf einige wichtige Faktoren hingewiesen. In positiver Hinsicht: Genügend Schlaf, eine gesunde Ernährung, viel Flüssigkeit, effektives Atmen und ausreichend Bewegung. In negativer Hinsicht: Schädigende Substanzen wie Alkohol, Zigaretten, Koffein, sonstige Drogen und auch negative Gedanken. Jeder einzelne Faktor, der nur schlecht erfüllt ist, erhöht nicht nur Ihr Krankheitsrisiko, sondern verringert auch Ihre körperlichen und geistigen Potenziale – inklusive Ihres Lesepotenzials.

Noch ein Tipp zur Abrundung dieses Kapitels: Auch wenn die Rahmenbedingungen absolut nicht optimal sind, können Sie Wartezeiten durch Lesen oft sinnvoll überbrücken. Die Gesamtzeit, die der Durchschnittsmensch im Laufe des Lebens mit *Warten* verbringt, addiert sich zu mehreren Jahren: Warten auf Verkehrsmittel, in Verkehrsmitteln, bei Behörden oder auf Ihre Verabredung, um nur einige zu nennen. Diese Zeit können Sie zum Lesen nutzen – Zeitungsteile, Zeitschriften und Taschenbücher eignen sich aus Platzgründen besonders gut. Eine maximale Leseeffektivität werden Sie in einer Warteschlange wohl nicht erzielen können, aber leichten Lesestoff können Sie in dieser Zeit sehr wohl abarbeiten.

Das Wichtigste in Kürze

- Ein Abstand zum Lesematerial von einer knappen Armlänge ist meistens ideal

- Eine gute Sitzhaltung führt zu einer geringeren Ermüdung, besseren Durchblutung und höheren Sauerstoffversorgung

- Das Licht sollte möglichst natürlich sein sowie wenig Kontraste und Schattenbildungen aufweisen

- Nutzen Sie möglichst die Tageszeiten mit hoher Leistungsfähigkeit und wenig Störungen

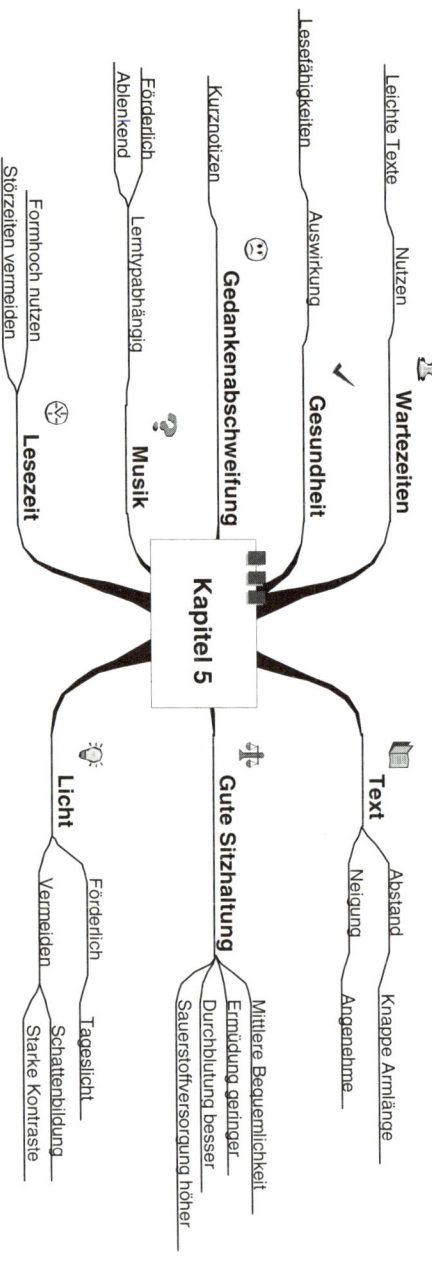

Gedankenlandkarte zu Kapitel 5

Kapitel 6:
Textarten – Besonderheiten

Vergnügen vs. Informationssammlung

Eine wichtige Unterscheidung an dieser Stelle ist die Fragestellung, ob Sie zur Informationsaufnahme oder zum Vergnügen lesen. Wenn Sie zur *Unterhaltung* lesen, dann ist ein möglichst schnelles Lesen vielleicht kein erstrebenswertes Ziel. Angenommen, Sie möchten sich am Wochenende eine Stunde lang mit einem Roman in entspannter Atmosphäre vergnügen. Wenn Ihr Leseziel v.a. „Vergnügen" lautet, dann ist PoweReading eventuell kein geeignetes Instrument. Möglich ist auch, dass Sie bestimmte Passagen in jedem Detail genießen wollen. Mit erhöhter Geschwindigkeit können z.B. Emotionen, besondere Spannungseffekte, besondere Wortreihenfolgen und die Wahrnehmung sprachlicher Höhepunkte durchaus verloren gehen. Andere Abschnitte wiederum können langwierig und weniger spannend sein, so dass Sie es bevorzugen, das Tempo anzuziehen.

Lyrik beispielsweise eignet sich aus meiner Perspektive heraus nicht zum Lesen mit sehr hoher Geschwindigkeit. Rhythmus und tiefere Deutungen werden bei hohem Tempo eher verborgen bleiben. Allerdings kann auch hierbei eine Tempovariation zu Einsichten führen, die sonst unentdeckt geblieben wären. Sicherlich würden Sie auch nicht auf die Idee kommen, im Eiltempo durch eine Kunstausstellung zu laufen – es sei denn, Sie möchten z.B. nur die Information erhalten, welche Stücke ausgestellt sind (oder Sie hassen Ausstellungen und sind nur Ihrem Partner zuliebe dort).

Bei *Sachtexten* hingegen ist das Ziel meistens die Aufnahme von Informationen in möglichst kurzer Zeit. Das Lesen ist somit ein Mittel zum Zwecke des Erwerbs von Wissen, welches wiederum einer praktischen Anwendung zugedacht ist.

Schon *Goethe* stellte fest:
„Es ist ein großer Unterschied, ob ich lese zu Genuss und Belebung oder zu Erkenntnis und Belehrung."

Dieser Unterschied ist aus meiner Sicht vergleichbar mit dem Unterschied zwischen Eiskunstlauf und Eisschnelllauf. Beide Sportarten finden mit Kufen und auf Eis statt. Beim Eiskunstlauf kommt es (neben dem technischen Anspruchsniveau) vor allem auf eine möglichst schöne, elegante Kür an. Beim Eisschnelllauf ist das Ziel, eine bestimmte Strecke in so kurzer Zeit wie möglich zurückzulegen, ohne dabei auszurutschen. Sie sollten vor dem Lesen wissen, ob Sie Eiskunst oder Eisschnell laufen möchten.

Sie haben jetzt durch die vorangegangenen Übungen eine größere Bandbreite an Lesegeschwindigkeiten im *Repertoire*. Eine solche Bandbreite könnte aktuell beispielsweise von Null bis 600 WPM reichen. Wie schnell sollten Sie nun verschiedene Textarten lesen? Das ist ungefähr so, als ob Sie fragen, ob ein Land zu Fuß, mit dem Fahrrad, Auto, Hubschrauber oder Flugzeug erkundet werden sollte. Auf diese Frage können nur allgemeine Empfehlungen gegeben werden (z.B. Städte zu Fuß/mit

Fahrrad, Berge mit Fahrrad/Auto, Wüste mit Auto/Hub-schrauber/Flugzeug).

Solche allgemeinen Empfehlungen (nicht nur bzgl. Tempo) werden im Folgenden in Bezug auf verschiedene Texttypen gegeben – quasi Reisetipps für Ihre Texterkundung. Grundsätzlich ist es für Ihre Leseeffektivität von Vorteil, wenn Sie gleichartige Texte *bündeln*. Sie lesen beispielsweise in einer Leseeinheit zunächst im Block alle Ihre E-Mails und dann im Block die relevanten Fachartikel. Versuchen Sie ein Springen zwischen verschiedenen Texttypen zu vermeiden. Eine Ausnahme für diese Empfehlung stellt folgende Situation dar: Sie haben einige wenige, klar voneinander abgrenzbare Lesethemen, zu welchen sich Ihre Texte zuordnen lassen. In diesem Fall kann es vorteilhaft sein, z.B. alle Texte über Marketing zuerst zu lesen und im Anschluss alle über Steuern. Natürlich kann es Ihnen bei der Bewältigung eines großen Lesehaufens auch passieren, dass Ihnen ein Thema nach einer Weile einfach zu langweilig wird und ein Themensprung eine willkommene Abwechslung beschert.

Durch den *Vergleich* der Darstellung von Nachrichten in unterschiedlichen Medien (Zeitung, Zeitschrift, Internet, Fernsehen, Radio) gewinnen Sie Erkenntnisse über die jeweiligen Besonderheiten der Aufbereitung, so dass Sie mittelfristig den Verlauf des jeweiligen Textes besser *vorhersagen* können und somit Zeit einsparen. Die Darstellungen stammen letztendlich natürlich von einzelnen Personen oder Personengruppen, deren Sichtweise sich im Bericht widerspiegelt. Haben Sie schon einmal eine Veranstaltung (Fußballspiel, Aufführung, Demonstration etc.) selbst miterlebt und sich beim Bericht in der Zeitung gefragt, ob der Reporter dieselbe Veranstaltung beobachtet hat?

Bücher

Bei Büchern sollten Sie vor dem Lesen des eigentlichen Textes eine *Vorschau* machen. Dies hat v.a. vier Vorteile:

- Sie treffen eine bessere Buchauswahl bzw. Kaufentscheidung
- Sie sind beim Lesen schneller
- Sie verstehen den Inhalt besser
- Sie konzentrieren sich auf die wichtigsten Buchteile

Hierbei geht es darum, zunächst „um den Text herum" zu lesen. Dies dient in erster Linie dazu, dem Gehirn einige *Orientierungspunkte* für das weitere Lesen zu geben.

Der erste Blick bei der Betrachtung eines Buchs fällt in der Regel auf die Vorderseite. Lesen Sie auch bewusst einen eventuell vorhandenen *Untertitel*. Alleine dieser kann einen wichtigen Hinweis zum Schwerpunkt eines Buchs geben. Ein Buch über Rhetorik beispielsweise kann sich primär mit dem Sprechen vor Publikum, mit Verkaufssituationen, Argumentationsführung oder auch Schlagfertigkeit beschäftigen. Als (angehender) Redner beispielsweise wollen Sie jedoch sicherstellen, dass Sie dasjenige über die Rhetorik vor einer Gruppe kaufen.

Auf der *Rückseite* und auf den eventuell vorhandenen *Klappentexten* bekommen Sie nähere Hinweise zum Nutzen, den das jeweilige Buch verspricht. Vielfach finden Sie auch *Zitate* namhafter Institutionen oder Persönlichkeiten. Würdigungen von den Redaktionen renommierter Zeitungen oder Zeitschriften sind im Durchschnitt objektiver als Aussagen von Einzelpersonen. Aussagen über gute Verkaufszahlen sprechen natürlich für das Buch. Aber selbst Platzierungen auf Bestsellerlisten sind mit Vorsicht zu genießen, da diese nicht zwingend die Qualität widerspiegeln. Ein großer und effektiver Vermarktungsaufwand oder die hohe Bekanntheit des Autors bspw. können ein Buch zu einem Verkaufserfolg machen, der nicht primär durch die Qualität begründet ist. Ist ein Buch, das durch umfangreiche Marketingmaßnahmen zehnmal so häufig verkauft wurde, besser oder schlechter als dasjenige mit den geringeren Verkaufszahlen? Zitate bekannter Persönlichkeiten sind insofern brauchbar, als dass die meisten seriösen Personen ihren guten Namen nur dann verwenden, wenn sie von dem Buch tatsächlich positiv beeindruckt sind. Relativierend muss jedoch auch hierbei hinzugefügt werden, dass solche Aussagen natürlich häufig einen Freundschaftsdienst oder einen gegenseitigen Austausch darstellen.

Informationen über den *Autor* können besonders wertvoll sein:
- Beruflicher Werdegang?
- Praktiker oder Theoretiker?
- Kultureller und sozialer Hintergrund?

Sie lesen z.B. ein Buch über ein Gesundheitsthema: Wenn das Buch von einem Heilpraktiker geschrieben wurde, wird es im Regelfall einen deutlich anderen Charakter besitzen, als wenn es von einem Schulmediziner zu Papier gebracht wurde. Bei Managementbüchern werden Sie von einem Universitätsprofessor eine andere Perspektive vorfinden als von einer langjährigen Führungskraft oder einem Unternehmensberater. Könnte es für Sie nützlich sein, nicht erst nach dem Lesen von 50 Seiten festzustellen, aus wessen Perspektive heraus das Thema beleuchtet wird? Ich meine: Ja!

Um den Aussagewert möglichst gut zu begreifen, kann selbst das *Erscheinungsdatum* des Buchs wichtig sein. In vielen Sachgebieten schreitet die Entwicklung so schnell voran, dass zehn Jahre alte Erkenntnisse bereits deutlich weiterentwickelt, überholt oder sogar widerlegt wurden. In der Gehirnforschung stammt beispielsweise der überwiegende Anteil des heutigen Wissensstands aus dem unmittelbar zurückliegenden Jahrzehnt.

Beim Themengebiet Finanzen gibt es einige zeitlose Klassiker, die schon in der ersten Hälfte des zwanzigsten Jahrhunderts geschrieben wurden. Die zugrunde liegenden Prinzipien besitzen heute noch Gültigkeit. Aber angenommen, der Autor beschreibt eine Person mit einem Monatseinkommen von 1000 US-Dollar. Zum besseren Verständnis seiner Einkommensverhältnisse ist es hilfreich zu wissen, ob dieses Buch vor hundert Jahren oder letztes Jahr geschrieben wurde.

Welche Aufmerksamkeit verdient das *Inhaltsverzeichnis*?
Aus meiner Sicht sollte das Inhaltsverzeichnis mit ungefähr der gleichen Geschwindigkeit gelesen werden wie der Rest des Buchs. Versuchen Sie den Buchaufbau bereits vor dem Lesen zu begreifen. Ein stufenförmiges Vorgehen erweist sich hierbei als besonders effektiv. Lesen Sie zunächst die

erste Gliederungsebene des Buches, d.h. die Überschrift des ersten Kapitels, dann die Überschrift des zweiten Kapitels, dann diejenige des dritten usw. Hierdurch erschließen Sie den Grobaufbau und erkennen den groben Verlauf der Gedankenführung. Erst wenn Sie diesen einigermaßen verstanden haben, sollten Sie sich näher mit den einzelnen Unterpunkten des Inhaltsverzeichnisses auseinander setzen. Dann erst können Sie nämlich die tieferen Ebenen auch gedanklich gut einsortieren. Hierbei bleibt es Ihrer persönlichen Präferenz überlassen, ob Sie die Unterpunkte zu jedem Kapitel komplett während der Vorschau lesen oder erst unmittelbar vor dem Lesen des jeweiligen Kapitels. Letzteres oder sogar beides ist v.a. bei besonders schwieriger Lektüre sinnvoll, sowie bei einem sehr gründlichen Bearbeiten, z.B. zur Prüfungsvorbereitung.

Bemühen Sie sich darum, *Aufbaumuster* zu erkennen. Bei vielen Sachgebieten sind die Kapitel in einer für das jeweilige Thema typischen Weise angeordnet. Ist es bspw. ein chronologischer Aufbau oder einer, der den Leser vom Allgemeinen zum Speziellen führt. Wieder andere sind am Ablauf der Aktivitäten orientiert, so z.B. meistens bei Büchern über Hausbau, Unternehmensgründung oder Projektmanagement. Natürlich gibt es auch Bücher, bei denen die Reihenfolge der Kapitel keine besondere Bedeutung hat. Beispielsweise fallen Kompendien oft in diese Kategorie.

Das *Stichwortverzeichnis* ist in den meisten Fällen nicht der spannendste Teil eines Buchs. In vielen Büchern werden Sie auch kein Stichwortverzeichnis finden. In diesem Buch wurde bspw. darauf verzichtet, weil das ausführliche Inhaltsverzeichnis für die meisten Fälle zum Finden bestimmter Textpassagen geeigneter oder zumindest ausreichend sein dürfte. Neben seiner Funktion als Suchhilfe kann das Stichwortverzeichnis zur Einschätzung des Textniveaus sinnvolle Dienste leisten. Je höher die Anzahl der Wörter, die Ihnen in ihrer Bedeutung unklar sind oder die Sie noch nie gehört haben, desto schwerer wird Ihnen die Lektüre fallen. Das Textniveau (in Relation zu Ihrem Wissensstand) spielt natürlich für Ihre Lesegeschwindigkeit und somit Ihre Bearbeitungszeit und Ihre Zeitplanung eine wichtige Rolle. Wenn mehrere Bücher zu demselben Thema zur Auswahl stehen, ist die Wahl des Buchs mit dem für Sie aktuell angemessenen Niveau für die Effektivität des Wissenserwerbs entscheidend. Letztendlich dient die Erhöhung der Lesegeschwindigkeit lediglich der Erhöhung der Geschwindigkeit des Wissenserwerbs. Was bringt Ihnen eine deutlich erhöhte Lesegeschwindigkeit, wenn Sie ein Buch gewählt haben, dessen Inhalte Sie ohnehin bereits kennen? Ein Fachbuch, das tiefere Sachkenntnis erfordert, als Sie gegenwärtig besitzen, bremst nicht nur Ihre Geschwindigkeit (es sei denn Sie lesen zu Lasten Ihres Textverständnisses), sondern verdirbt Ihnen auch den Lesespaß.

Diese ganzen Schritte erscheinen vielleicht auf den ersten Blick recht aufwändig. Eine solche Vorschau sollte durchschnittlich jedoch nicht wesentlich länger als fünf Minuten dauern. Diese Zeit holen Sie durch eine höhere Lesegeschwindigkeit locker wieder auf. Bekannte Informationen werden schneller erkannt und können wesentlich zügiger bearbeitet werden.

Auch Ihr Textverständnis steigt durch eine effektive Vorschau, weil Ihr Gehirn ein besseres Gerüst besitzt, in welches neue Informationen eingeordnet werden können. Wenn Sie die Vorschau bereits in der Buchhandlung machen, werden Sie eine fundiertere *Kaufentscheidung* treffen. Gerade bei Themen, zu denen Sie bereits ein gutes Hintergrundwissen besitzen, werden Sie häufig feststellen, dass das Buch nicht viel Neues hergibt. Vielleicht enthält nur ein einziges Kapitel alle neuen Informationen bzw. die für Sie relevanten Details. Dann stellt sich natürlich die Frage, ob Sie das Buch überhaupt kaufen oder dieses eine Kapitel mit Adleraugen durchlesen. Wenn Sie es schaffen, die relevanten Informationen in einer kürzeren Zeit herauszufiltern, als Sie in der Warteschlange vor der Kasse verbringen, haben Sie meinen Segen, das Buch wieder ins Regal zurückzustellen – vorausgesetzt Sie haben keine wesentlichen Spuren hinterlassen.

Zeitungen

Eine Besonderheit von *Zeitungen* ist die Tatsache, dass sie wie bei kaum einer anderen gängigen Lesequelle inhaltlich besonders unterschiedliche Texte abdecken. Während Bücher und Zeitschriften meistens verschiedene Aspekte eines Themas 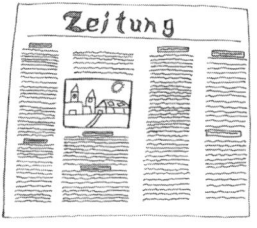 oder einer Themengruppe behandeln, haben Sie bei Zeitungen u.a. die Kategorien Politik, Wirtschaft und Sport. Im Wirtschaftsteil wiederum finden Sie alles von Texten zur gesamtwirtschaftlichen Entwicklung, über Aktienkurse bis hin zu Personalentscheidungen. Aufgrund dieser Angebotsbreite ist es beim Zeitungslesen besonders wichtig zu entscheiden, was Sie lesen, mit welcher *Intensität* (d.h.

Geschwindigkeit) und v.a. was Sie nicht lesen. Sie können nicht zu jedem Gebiet ein ausgewiesener Experte sein. Entscheiden Sie, welche Informationen aus der Zeitung für Sie wichtig sind: Sei es aus beruflichen Gründen, aus privaten, weil es Ihrer Ansicht nach zu einer guten Allgemeinbildung gehört oder einfach nur unterhaltsam ist.

Lesen Sie die *Überschriften*, Zusammenfassungen und alle vergrößerten Textbestandteile, insbesondere wenn es mehrere Artikel zum Thema gibt. Diese stellen quasi das Inhaltsverzeichnis dar und liefern Ihnen wiederum ein Orientierungsgerüst. Schauen Sie auch zunächst die Bilder und Graphiken an, bevor Sie den dazugehörigen Text lesen. Haben Sie auch schon einmal eine kompliziert klingende Beschreibung gelesen und anschließend bei der Betrachtung einer *Graphik* oder *Abbildung* festgestellt, wie einfach der Zusammenhang in einer bildhaften Darstellung zu begreifen ist? Machen Sie es sich einfacher, indem Sie zuerst die Bilderform wählen. Auch ein mehrfacher Wechsel zwischen der verbalen Beschreibung und dem Bild kann bei besonders komplexen Zusammenhängen nützlich sein.

Zu Titelthemen finden Sie im Normalfall mehrere Artikel. Wenn Sie mehrere oder sogar alle Artikel hierzu lesen möchten, dann starten Sie mit demjenigen, welcher die *Hintergründe*, Entwicklungsgeschichte bzw. die Grundlagen behandelt. Auch dies dient dazu, ein möglichst solides Fundament anzulegen, auf dem Sie die kleineren, detaillierteren Elemente aufbauen können.

Die bereits geschilderte *Informationskonzentration* im ersten und letzten Absatz eines Artikels sowie im ersten und letzten Satz eines Absatzes gilt bei Zeitungen ganz besonders. Eine Konzentration auf Ersteres eignet sich logischerweise vorrangig bei längeren Artikeln und Letzteres bei relativ kurzen Artikeln. Vielfach reicht das ausschließliche Lesen dieser Passagen völlig aus, um sich zufrieden stellend zu informieren.

Wahrscheinlich wird Ihnen das Vorwärts-/Rückwärtslesen bei Zeitungen und Zeitschriften aufgrund der geringeren *Spaltenbreite* leichter gelingen als bei anderen Quellen. Nutzen Sie Zeitungen auch für Ihr Tempotraining. Gerade die Tempovariation, orientiert an der Informations-konzentration, dem Neuigkeitsgrad und Ihrem Interesse, wird Ihnen Zeitersparnisse und Trainingseffekte zugleich bringen.

PoweReading am Bildschirm

Eine häufige Frage: Funktioniert PoweReading auch am *Bildschirm*? Ja! Es gibt jedoch einige Besonder-heiten zu beachten.

Wie funktioniert das Führen der Augen? Eine Möglichkeit ist das Führen der Lesehilfe über die Bild-schirmoberfläche. Diese hat jedoch einige Nachteile: Im Laufe der Zeit wird die Oberfläche des Bildschirms in Mitleidenschaft gezogen und Sie werden bei längeren Leseeinheiten Ihren Arm früher oder später nicht mehr hochhalten können. Was für die Ausprägung Ihrer vorderen Schultermuskulatur wohl von Vorteil wäre, ist auf Dauer sicher recht anstrengend und lästig. Am besten für Ihre

Augen ist es, wenn Sie die jeweiligen Dokumente *ausdrucken.* Wenn dies nicht möglich oder aus anderen Gründen (z.B. Materialverbrauch) unerwünscht ist, können Sie als Lesehilfe den Cursor oder die *Maus* benutzen. Der Cursor hat jedoch den Nachteil, dass er mit einer konstanten Geschwindigkeit über die Zeilen wandert und somit in den meisten Fällen nicht dem jeweiligen Idealtempo (bei den meisten Lesern dürfte der Cursor mittlerweile hinterhinken) entspricht. Bei der Maus hingegen können Sie sowohl das Tempo Ihrer Augenführung als auch die gewünschte Einsparung der Zeilenränder selbst steuern.

Gerade bei längerem Lesen von Texten am Computer ist es häufig im Endeffekt Zeit sparend, die Spaltenbreite so einzustellen, dass diese für Sie optimal ist. Für eine solche Anpassung eignet sich jedes gute *Textverarbeitungsprogramm.* Wenn Sie einen Bericht in acht statt elf Minuten lesen können und das Umformatieren nur eine Minute gekostet hat, ist dies eine Zeit gewinnende Investition. Wenn Sie in der angenehmen Position sind, jemand zu haben, der Ihnen zuarbeitet, müssen Sie diese Investition wahrscheinlich noch nicht einmal persönlich tätigen.

Es gibt noch eine Reihe weiterer *Formatierungsaspekte*, die einen Einfluss auf Ihre Lesegeschwindigkeit ausüben. Wählen Sie möglichst eine Schriftart, die leicht lesbar ist. Auch die Schriftgröße sollte weder so klein sein, dass das Erkennen unnötig schwer wird, noch sollten Sie durch besonders große Buchstaben Geschwindigkeit verschenken. Der Zeilenabstand sollte nicht zu groß sein, weil Sie (zumindest unterbewusst) auch Informationen außerhalb Ihrer unmittelbaren Fixierungsbreite und -tiefe aufnehmen. Stellen Sie auch sicher, dass ein deutlicher Kontrast zwischen den Wörtern und dem Hintergrund besteht. Schwarz oder Blau auf Weiß eignet sich beispielsweise gut. Viele Leser neigen dazu, vor dem Bildschirm seltener als gewöhnlich zu *blinzeln*. Dies führt zu einem Austrocknen und einer erhöhten Belastung der Augen. Achten Sie auf ein regelmäßiges Blinzeln und lassen Sie Ihren Blick von Zeit zu Zeit in die Ferne schweifen oder zumindest im Zimmer umherwandern. Auch die im Kapitel 2 „Spannende Augenblicke" beschriebenen Augenentspannungsübungen sind beim Bildschirmlesen besonders unterstützend.

Wenn Sie viele E-Mails empfangen und noch kein effektives, d.h. nach sinnvollen Gruppen sortiertes, *Ordnersystem* besitzen, könnte dieses ebenfalls weitere Zeit sparen. Sie können mit vielen Mailverwaltungssystemen Ihre E-Mails u.a. nach Absender(kreis), Empfänger(kreis), Dringlichkeitsvermerk, Betreff oder Stichworten automatisch sortieren lassen. Es 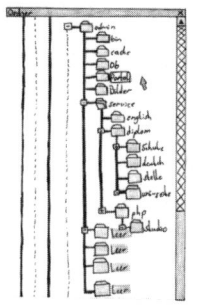 kann deutlich effektiver sein, E-Mails nicht in der Reihenfolge Ihres Eintreffens, sondern z.B. nach Themengebieten abzuarbeiten.

Da gerade das Volumen des Bildschirmlesens (v.a. in Form von E-Mails) in den letzten Jahren förmlich explodiert ist, noch ein Tipp in diesem Zusammenhang. Dieser hat nur indirekt mit Ihrer Leseeffektivität zu tun und ist eher dem Zeitmanagement zuzuordnen: Lesen Sie alles möglichst nur *ein Mal* und entscheiden Sie sofort, was mit dem Material zu machen ist: Beispielsweise wegwerfen, archivieren oder aktiv werden. Viel (Lese-)Zeit wird damit verschwendet, dass Unterlagen wie z.B. die Eingangspost mehrfach gelesen werden, weil keine sofortige Entscheidung gefallen ist.

Lesen oder Mülltonne?

Der Schwerpunkt dieses Buches ist natürlich die Fragestellung, wie Sie zu lesenden Texte schneller aufnehmen können. Ein vorangehender Aspekt ist die Frage, welche Texte *überhaupt* sinnvoller Weise von Ihnen gelesen werden sollten.

Es gibt Techniken, um möglichst schnell und zielgerecht zu entscheiden, welche *Relevanz* ein Text für Sie persönlich besitzt: Lese ich den Text überhaupt? Wenn ja, mit welcher Intensität? Hierzu eignen sich aus meiner Sicht die sog. *Überfliegetechniken* besonders gut. Hierbei führen Sie Ihre Augen nach einem ganz bestimmten Muster in hohem Tempo über eine ganze Seite. Nachfolgend sehen Sie einige dieser Techniken bildhaft dargestellt. Wenn Sie regelmäßig vor der Entscheidung stehen, eine möglichst hochwertige Textauswahl treffen zu müssen, dann macht es Sinn, sich mit diesen Techniken vertieft zu beschäftigen.

Hierbei sollten Sie ein paar Augenführungsmuster heraus-greifen und diese jeweils einige Minuten anhand eines Buchs ausprobieren. Anfangs werden Sie vermutlich sehr wenig vom Text begreifen und sich fragen, welchen Nutzen ein scheinbar sinnloses Augenführen hat. Es kann einige Minuten dauern, bis Ihr Gehirn sich quasi entscheidet, das Beste aus dieser „Überforderungssituation" zu machen und möglichst viel vom Text aufzunehmen.

Nach spätestens fünf Minuten erreichen Sie bei den meisten Techniken im Regelfall den Punkt, an dem Sie folgende Aspekte aufnehmen: Die Grobinhalte, den ungefähren Aufbau, den Schreibstil, die Schwerpunktgestaltung, graphische Elemente, Neuigkeitsgrad. Hieraus resultierend können Sie sich ein gutes Urteil darüber bilden, ob der Text überhaupt relevant für Sie ist, und welche Passagen Ihre besondere Aufmerksamkeit verdienen. Wie viele Texte hätten Sie in der Vergangenheit nicht oder nur teilweise gelesen, wenn Sie gewusst hätten, wie wenig Relevantes darin verborgen war? Verbringen Sie in Zukunft Ihre Zeit mit den für Sie selbst wichtigsten Texten!

Xxx xxxxx xxxx Xxxxxxx xxxx, xxx xxxxx Xxxxx xxxxxx xxxx. Xx xxxxx xxxx Xxxxxx xxxx xx Xxxxxx Xxxx xxxxxx xxxx. Xxxx xxxxxx xxxx, xxx xxxxx Xxxx xxxxxx xxxx Xxxxx xxxx xxxxxx xxxx xx xxxxx xxxx xxxxxx xxxx. Xxxxx xxxxxx xxxxx, xxx xx xxxx xxxxx xxxxxx xxxx. Xx xxxxx xxxx xxxxxx Xxxx xx xxxxx xxxx Xxxxxx xxxxxx xxxxx, xxx xxxxx xxxx xxxxxx xxxx. Xx xxxxx xxxx xxxxxx Xxxx xx xxxxx xxxx Xxxxxx xxxx. Xxxx xxxxxx xxxx, xxx Xxxxx xxxx xxxxxx Xxxxxxx xxxx. Xxxxx xxxxxx xxxxxx, xxxx xxxxx xxxx xxxxxx xxxx Xxxxx xxxxxx xxxxxx xxxx Xxxxxxxx xxxx. Xx xxxxx xxxx xxxxxx Xxxx xx xxxxx xxxx Xxxxxx xxxx. Xx xxxxx xxxx xxxxxx xxxxx, xxx xxxxx xxxx xxxxxx xxxx. Xx xxxxx xxxx xxxxxx Xxxxxxx xxxxxx xxxxx, xxx xxxxx xxxxx Xxxxxx xxxxx xxxx xxxxxx Xxxx xx xxxxx xxxx Xxxxxx xxxx. Xxxxx xxxxxx xxxxx, xxx xxxxx xxxx xxxxxx Xxxxxxxx xxxx.

Xxx xxxxx xxxx Xxxxxxx xxxx, xxx xxxxx Xxxxx xxxxxx xxxx. Xx xxxxx xxxx Xxxxxx xxxx xx Xxxxxx Xxxx xxxxxx xxxx. Xxxx xxxxxx xxxx, xxx xxxxx Xxxx xxxxxx xxxx. Xx xxxxx xxxxxx xxxx xx xxxxx xxxx xxxxxx xxxx. Xxxxx xxxxxx xxxxx, xxx xxxxx xxxx xxxxxx xxxx. Xx xxxxx xxxx Xxxxxx xxxx xx xxxxx xxxx Xxxxxx xxxxxx xxxxx, xxx xxxxx xxxx xxxxxx xxxx. Xx xxxxx xxxx xxxxxx Xxxxxx xxxx. Xxxxx xxxxxx xxxxxx, xxx Xxxxx xxxx xxxxxx xxxx. Xx xxxxx xxxx xxxxxx Xxxx xx xxxxx xxxx Xxxxxx xxxx. Xxxxx xxxxxx xxxxxx, xxx Xxxxxxxx xxxx.

Xxx xxxxx xxxx Xxxxxxx xxxx, xxx xxxxx Xxxxx xxxxxx xxxx. Xx xxxxx xxxx Xxxxxx xxxx xx Xxxxxx Xxxx xxxxxx xxxx. Xxx xxxxxx xxxx, xxx xxxxx Xxxx xxxxxx xxxx. Xx xxxxx xxxx xxxxxx Xxxxx xxxxxx xxxxx, xxx xxxxx xxxx xxxxxx xxxx Xxxxx xxxxxx xxxxxx, xxx xxxxx xxxx xxxxxx xxxx. Xx xxxxx xxxx xxxxxx Xxxx xx xxxxx xxxx Xxxxxx xxxx. Xx xxxxx xxxx xxxxxx xxxxx, xxx xxxxx Xxxx xx xxxxx xxxx Xxxxxx xxxx. Xx xxxxx xxxx Xxxxxx xxxx xxxxx, xxx xxxxx xxxx xxxxxx Xxxx xx xxxxx xxxx Xxxxxx xxxx. Xx xxxxx xxxx Xxxxxx xxxx Xx xxxxx xxxx xxxxxx Xxxx xx xxxxx xxxx Xxxxxxxx xxxx. Xxxxx xxxxxx xxxxxx, xxx xxxxx Xxxxxx xxxx. Xxxxx xxxxxx xxxxxx xxxx Xxxxxxx xxxx. Xx xxxxx xxxx xxxxxx Xxxx xx xxxxx xxxx Xxxxxxxx xxxx.

Xxx xxxxx xxxx Xxxxxxx xxxx, xxx xxxxx Xxxxx xxxxxx xxxx. Xx xxx xxxx Xxxxxx xxxx xx Xxxxxx Xxxx xxxxxx xxxx. Xxxx xx xxxxx xxxx, xxx xxxxx Xxxx xxxxxx xxxx. Xxxxx xxxxxx xxxx xx xxxxx xxxx xxxxxx xxxx. Xxxxx xxxxxx xxxxx, xxx xxxxx xxxx xxxxxx xxxx. Xx xxxxx xxxx xxxxxx Xxxx xx xxxxx xxxx Xxxxxx xxxxxx xxxxx, xxx xxxxx xxxx xxxxxx xxxx. Xx xxxxx xxxx xxxxxx Xxxx xx xxxxx xxxx Xxxxxxx xxxx. Xxxxx xxxxxx xxxxx, xxx xxxxx xxxx xxxxxx xxxx. Xx xxxxx xxxx xxxxxx Xxxxxxx xxxxxx xxxxx, xxx xxxxx xxxx xxxxxx xxxx. Xx xxxxx xxxx xxxxxx Xxxx xx xxxxx xxxx Xxxxxxxx xxxx.

Das Wichtigste in Kürze

- Machen Sie sich bewusst, ob Sie zum Vergnügen oder zur Informationsaufnahme lesen

- Passen Sie Ihr Lesetempo dem Terrain (Textpassage) an

- Bündeln Sie die Bearbeitung gleichartiger Texte

- Verwenden Sie für E-Mails ein Ordnersystem und entscheiden Sie sofort: Löschen, Archivierung oder Aktivität

- Benutzen Sie beim Bildschirmlesen die Maus als Lesehilfe

- Machen Sie bei Sachbüchern eine Buchvorschau

- Entscheiden Sie insbesondere bei Zeitungen kritisch, was Sie lesen und was nicht

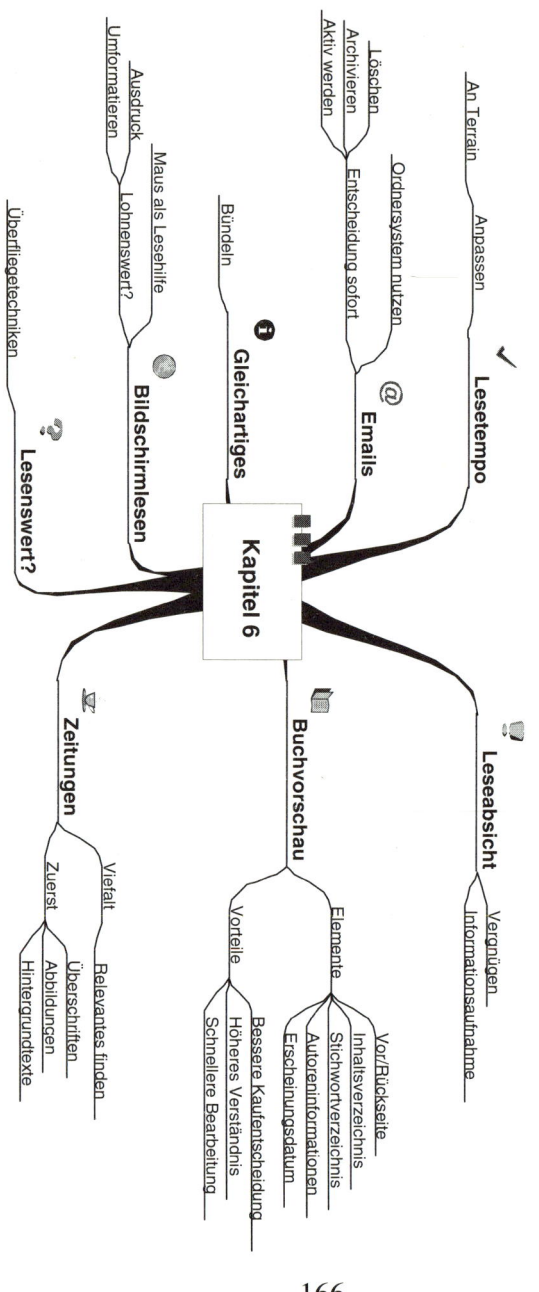

Gedankenlandkarte zu Kapitel 6

Kapitel 7:
Super-Gedächtnis

Bisher ging es in diesem Buch um die Fähigkeit, beim Lesen Zeit zu sparen und hierbei ein gutes Textverständnis zu erzielen. Dieses Kapitel gibt Ihnen Techniken an die Hand, um Informationen langfristig im Gedächtnis abzuspeichern. Viele Informationen müssen nur kurzzeitig für eine Entscheidung, Handlung oder ein einmaliges Ereignis zur Kenntnis genommen werden. Bei anderen Sachverhalten ist es von großem Vorteil, diese *permanent* parat zu haben. Dieses Kapitel ist für Sie vor allem dann interessant, wenn Sie wissen, dass Sie die aufgenommen Informationen zu einem späteren Zeitpunkt auf Abruf bereit haben möchten oder müssen. Die Reihenfolge der behandelten Aspekte innerhalb dieses Kapitels entspricht einer effektiven Reihenfolge in der Bearbeitung eines „zu lernenden" Textes.

Die Anforderungen kennen

Zunächst ist es ganz entscheidend, sich eine möglichst genaue Vorstellung darüber zu machen, welche Anforderungen diese „*Wiedergabesituation*" an Sie stellt. Ist es eine Prüfung, eine Rede, ein Geschäftstermin oder schlichtweg benötigtes Grundlagenwissen? Zu wissen, ob die Information schriftlich oder mündlich reproduzierbar sein soll, ist ähnlich entscheidend wie die Frage nach dem *Detailniveau*. Möchten Sie ein Expertenwissen besitzen oder reicht ein grobes Verständnis der Zusammenhänge, um einer Diskussion halbwegs folgen zu können?

Bei einer Prüfungsvorbereitung ist es häufig besonders erkenntnisreich, sich *alte Prüfungsfragen* anzuschauen. Viele Prüfungen zielen primär auf das Abfragen von Grobverständnis ab. Andere wiederum erfordern Detailkenntnisse, ohne dass eine Einordnung in den übergeordneten Zusammenhang erwartet wird. Ganz gleich, auf welchem Detailniveau die Prüfung oder auch die Diskussion beim Geschäftstermin stattfindet: Dieses sollte sich auch in Ihrer Zeitverwendung bei der Vorbereitung widerspiegeln.

Wenn die *Reproduktionsbedingungen* bekannt sind, kann bereits die Aufnahme unter ähnlichen Bedingungen zu einer Verbesserung der Gedächtnisleistung führen. Zu diesen Bedingungen gehören zeitliche Faktoren wie z.B. die Prüfungs- und Pausenlänge. Manchmal ist ein Lernen an demselben Ort möglich. Wenn Sie die Gelegenheit haben, am Prüfungsort zu lernen oder sich an den Ort der bevorstehenden Rede zu gewöhnen, umso besser. Manche Aspekte wie z.B. Nervosität sind meistens nur schwer zu simulieren.

Effektive Notizen

Häufig werde ich gefragt, wie PoweReading und das Markieren von Textstellen miteinander harmonieren. Meine Empfehlung hierzu lautet wie folgt: Markieren Sie während des Lesens am Textrand die für Sie wichtigsten Passagen mit einem einfachen Strich, so dass Sie diese Stelle schnell wieder finden. Wenn Sie permanent zwischen Lesen und dem Anlegen von Notizen wechseln, verlieren Sie Zeit und bremsen Ihren Lesefluss (und somit auch Ihr Textverständnis). Auch ein Markieren mit verschiedenen Farben und ausgefeilter Symbolik kostet Sie v.a. Zeit. Das Einordnen der besonders relevanten Informationen gelingt Ihnen in einem zweiten Schritt nach dem Lesen des Gesamttextes mindestens genauso effektiv. Selbst ein Unterstreichen halte ich in den meisten Fällen für eine Zeitverschwendung.

Die zusammenfassende Empfehlung lautet: Machen Sie beim Lesen nur einen simplen Strich an den relevanten Stellen und legen Sie erst nach dem (reinen) Lesegang Notizen an und beschäftigen Sie sich erst im Anschluss hieran mit dem Lernen dieser Schlüsselinformationen.

Bedeutet dies, dass Sie bspw. ein Buch erst komplett durchlesen oder jeweils ein Kapitel, bevor Sie Notizen anlegen? Dies hängt von der Fülle der neu zu lernenden Informationen ab. Wenn das Buch pro Kapitel nur einige wenige Neuheiten für Sie beinhaltet, dann sind Sie am effektivsten, wenn Sie erst zum Schluss Notizen anfertigen. Beinhaltet hingegen so gut wie jeder Absatz mehrere neue Elemente, dann sollten Sie Ihren Lesevorgang zum besseren Verständnis häufiger unterbrechen – je dichter die neuen Informationen, desto öfter machen Sie eine Notizpause.

Wie sollten *Notizen* aufbereitet werden?
Die typischen Anforderungen an Notizen sind:

- In möglichst kurzer Zeit anzulegen
- Das Wesentliche kurz erfassend
- Leicht einzuprägen
- Einfach erweiterbar und veränderbar
- Beim Wiederholen verständlich

Aus meiner Sicht erfüllen *Gedankenlandkarten* (in Anlehnung an Mind-Maps nach Tony Buzan, Beschreibung folgt – sehr empfehlenswert, siehe Literaturverzeichnis) die obigen Anforderungen wesentlich besser als herkömmliche Notizen und Textzusammenfassungen. Mit herkömmlichen Notizen sind Kurzformen des Haupttextes gemeint, die wie der Ursprungstext ebenfalls in Form eines Fließtextes geschrieben sind. Ein zehnseitiger Text wird beispielsweise auf einer einzigen Seite (ebenfalls in Textform) zusammengefasst. Der Hauptnachteil dieser weit verbreiteten Aufzeichnungsform ist seine *mangelnde Gehirnfreundlichkeit*. Die einzelnen Vorteile und Nachteile herkömmlicher Notizen im Vergleich zu Gedankenlandkarten werden erst im Anschluss an die Vorstellung der Gedankenlandkarten detaillierter diskutiert.

Was sind Gedankenlandkarten?
Einige Gedankenlandkarten haben Sie bereits kennen gelernt. Beispiele finden Sie jeweils am Ende jedes Kapitels als Zusammenfassung der vorangegangenen Kerngedanken.

Der Hauptunterschied zu herkömmlichen Notizformen liegt darin, dass Sie keinen Fließtext schreiben und auch keine Stichwörterlisten anlegen. Sie arbeiten v.a. mit *Schlüssel-*

wörtern und Schlüsselideen, welche von einem *Mittelpunkt* ausstrahlend, entsprechend Ihrer inhaltlichen Zusammenhänge anzuordnen sind. Sie notieren also das Zentralthema in der Mitte. Dieses kann der Titel eines Buches sein, das Thema des Artikels, ein Prüfungs(teil)gebiet, der Projektname etc. Hierzu wählen Sie ein Schlagwort (bzw. eine möglichst geringe Anzahl von Wörtern), das den Inhalt möglichst treffend umfasst.

Hiervon ausgehend zeichnen Sie die *Hauptäste*, welche die nächste logische Unterteilung darstellen. Dies könnten z.B. die einzelnen Kapitel eines Buchs, die Hauptargumente eines Textes oder die verschiedenen Teilprojekte sein. Die Äste können sich immer weiter zu dünneren Ästen mit detaillierteren Informationen verzweigen. Sie können hierbei zur optischen Vereinfachung auch mit *Farben* arbeiten, indem Sie bspw. jeden Hauptast und dessen *Nebenäste* in einer anderen Farbe zeichnen. Alternativ können Sie Farben als zusätzliche Gliederungsdimension verwenden. Bspw. können Sie die Gedankenlandkarten nach den Kapiteln des Buchs gliedern und die Farben verwenden, um die Informationen zu den einzelnen Personen (oder Standpunkten o.ä.) besonders leicht erkennen zu können.

Je mehr *Bilder* Sie benutzen, desto leichter lässt sich der Inhalt einprägen und desto schneller können Sie die Information entschlüsseln. Die Weisheit „Ein Bild sagt mehr als tausend Worte" besitzt auch bei Gedankenlandkarten Gültigkeit. Verwenden Sie auch *Symbole* wie Frage- und Ausrufezeichen, Pfeile, Smileys, Plus-Minus-Zeichen etc. Sie müssen hierzu kein begnadeter Künstler sein, sondern nur so gut malen können, dass die Objekte für Sie selbst erkennbar sind. Mittlerweile gibt es auch relativ preis-

günstige *Softwarelösungen*, die ein elektronisches Anfertigen von Gedankenlandkarten erlauben und Ihnen vor
allem das Zeichnen abnehmen.

Die Hauptvorteile von Gedankenlandkarten gegenüber herkömmlichen Notizen sind:

1) Sie erhalten eine bessere *Übersicht*, können leichter die
   Vogelperspektive einnehmen und erkennen dadurch
   besser die Zusammenhänge der Einzelelemente.

2) Wenn Sie Farben und Bilder nutzen, dann visualisieren
   Sie stärker und steigern somit die *Behaltensquote*.

3) Die Kombination von Bestandteilen, die primär von der
   rechten Gehirnhälfte und Elementen, die primär von der
   linken Gehirnhälfte verarbeitet werden, steigert ebenfalls
   die Verständnis- und Gedächtnisleistung.

4) Sie konzentrieren sich auf die *Kerngedanken*, die für
   Ihren jeweiligen Zweck entscheidend sind, und verschwenden wenig Zeit mit Nebensächlichkeiten.

5) Sie sparen auch beim Anlegen und Wiederholen der
   Notizen Zeit, weil unnötige Füllwörter nicht vorhanden
   sind und Zusammenhänge graphisch dargestellt sind.

6) Sie können bei Gedankenlandkarten meistens einfacher
   noch zusätzliche Informationen (Äste) *hinzufügen* als bei
   Notizen, die linear untereinander stehen.

Gedankenlandkarten nutze ich persönlich für viele Zwecke:
Neben dem Erfassen der Kerngedanken eines Textes v.a.

zum Brainstorming (Ideenentwicklung), beim Notieren von Zielsetzungen, meinem Tagesplan, der Konzeption bspw. eines Seminars und als gedankliche Vorlage zum Schreiben von Artikeln. Auch das Grundgerüst dieses Buchs ist zuerst in Form einer Gedankenlandkarte entstanden. Wie Sie hieran und auch an anderen Stellen vielleicht gemerkt haben, lege ich großen Wert darauf, nur über solche Dinge zu schreiben und zu referieren, die ich selbst nutze und vorlebe.

Alleine schon durch das Lesen eines Textes und das Anfertigen gehirnfreundlicher Notizen, werden Sie viele Zusammenhänge bereits verinnerlicht haben. Wenn Sie weitere Anregungen zur permanenten Gedächtnisverankerung haben möchten, dann lesen Sie weiter…

Sinneskanäle und Verknüpfungen

Die Fragestellung, wie Sie sich am besten Fakten merken können, ist nicht der Hauptfokus dieses Buchs. An dieser Stelle werden allerdings einige Hinweise und Anregungen hierzu gegeben. Wenn Sie sich als Schüler oder Student häufig Prüfungen unterziehen oder in Ihrem Beruf ein besonders ausgeprägtes Fachwissen deutliche Vorteile mit sich bringt, empfiehlt sich die Lektüre eines Buchs über *Mnemotechniken*. Mnemotechnik ist ein Gebiet, das jegliche Merkhilfen umfasst. Es ist im Prinzip das Fachwort für „Eselsbrücken". Die einfacheren Systeme reichen völlig aus, um sich den Einkaufszettel zu sparen, eine längere Telefonnummer zu merken oder eine Aufzählung relativ mühelos einzustudieren. Die komplexeren Techniken werden vor allem von Gedächtniskünstlern benutzt, um sich große Informationsmengen schnell einzuprägen.

Auf die Vorstellung verschiedener Merktechniken wird an dieser Stelle verzichtet. Im Folgenden erhalten Sie jedoch einige weitere allgemeine Hinweise zur Verbesserung Ihres Gedächtnisses. Die meisten Menschen, die davon überzeugt sind, ein schlechtes Gedächtnis zu haben, besitzen ein völlig normales Gedächtnis. In der Regel fehlt einfach die Kenntnis über eine *gehirnfreundliche* Aufbereitung der Information. Auch der weit verbreitete Glaubenssatz, dass die Gedächtnisleistung mit zunehmendem Alter zwangsläufig abnimmt, ist ein Irrtum. Wenn Sie regelmäßig Ihre grauen Zellen trainieren, ist die Wahrscheinlichkeit sehr hoch, dass diese bis ins hohe Alter leistungsfähig bleiben.

Was ist eine gehirnfreundliche Aufbereitung von Informationen? Das Einbeziehen mehrerer *Sinneskanäle* und die *Verknüpfung* der Informationsbestandteile fördert die Behaltensquote immens. Angenommen, Sie möchten sich folgende zehn Begriffe merken:

Stift, Apfel, Uhr, Telefon, Radio, Auto, Fernseher, Luftballon, Hund, Frisör

Wie machen Sie das?
Das geht kinderleicht! Sie verknüpfen diese Begriffe einfach unter Zuhilfenahme möglichst vieler Sinneskanäle. Mit anderen Worten, Sie erfinden eine lebhafte *Geschichte*. Je lebhafter, absurder und merkwürdiger die Verknüpfungen sind, desto besser bleiben diese in Erinnerung. Merkwürdiges ist also merkwürdig!

Die Geschichte könnte z.B. folgendermaßen lauten:

*Sie nehmen einen **Stift** und stecken diesen mitten durch einen **Apfel** – Sie riechen dabei den Duft des aufgeschlitzten Apfels. Den durch den Apfel gebohrten Stift werfen Sie mit voller Wucht an eine **Uhr** an der Wand. Dieses gibt zwar einen großen Knall, aber das Geschoss bleibt nicht stecken, sondern fällt auf das **Telefon** und bricht dabei in zwei Hälften. Eine Hälfte rollt auf das **Radio**. Das Radio ist im Augenblick kaputt und muss mit dem **Auto** in die Reparatur gebracht werden. In das Auto wurde kürzlich ein **Fernseher** eingebaut, und zwar in die Nackenstütze des Beifahrers. In dem Fernseher läuft gerade eine Sendung über einen Kindergeburtstag mit vielen bunten **Luftballons**. Plötzlich kommt ein **Hund** angelaufen und beißt einen Luftballon mit einem lauten Knall kaputt. Dieser Knall ist so laut, dass sogar der **Frisör** gegenüber vor Schreck aus Versehen einen Zopf abschneidet.*

Wichtig ist hierbei vor allem die phantasievolle Verknüpfung der einzelnen Begriffe. Bemühen Sie sich, die Verknüpfung zu *visualisieren*, d.h. zu sehen. Stellen Sie sich bildlich vor, wie die erfundene Geschichte abläuft: Ganz so, als ob Sie einen Film anschauen würden. Manche Menschen entgegnen, dass Sie nicht oder nur schlecht visualisieren können. Wenn Sie dies von sich glauben, dann machen Sie nach dem Lesen dieses Abschnittes Folgendes: Schließen Sie Ihre Augen. Stellen Sie sich vor, wie die nächste Tankstelle in Ihrer Gegend oder Ihr Haus bzw. Ihre Wohnung von außen aussieht. Welche Farbe ist am auffälligsten? Und jetzt stellen Sie sich noch vor, dass die Tankstelle (oder auch Ihr Haus bzw. Ihre Wohnung) mit mehreren Tonnen Erdbeeren übersät ist. Wenn Ihnen diese

Vorstellung geglückt ist, dann sind Sie sehr wohl in der Lage, zu visualisieren – sowohl ein real existierendes als auch ein fiktiv verändertes Bild.

Wenn Sie über das Visualisieren hinaus noch einen *weiteren Sinneskanal* bei der Verbindung einbeziehen, dann steigt die Wahrscheinlichkeit des Behaltens der Begriffe noch weiter an. Einige Beispiele finden Sie in der obigen Geschichte. Dieses sind die fünf Sinneskanäle:

- Sehen – **V**isuell
- Hören – **A**uditiv
- Fühlen – **K**inästhetisch
- Riechen – **O**lfaktorisch
- Schmecken – **G**ustatorisch

Die jeweiligen Adjektive lassen sich über das Kunstwort VAKOG relativ leicht merken.

Nicht nur bei der Einprägung von Zusammenhängen und Fakten, die in Form von Wörtern und Sätzen niedergeschrieben sind, kann ein zusätzlicher Sinneskanal die Merkfähigkeit erhöhen. Angenommen, Sie betrachten eine Abbildung oder Graphik zum langjährigen Verlauf des Wechselkurses von US-Dollar zum japanischen Yen und wollen den groben Verlauf in Ihrem Gedächtnis verankern. Wenn Sie zusätzlich zum Betrachten (visuell) der bildhaften Darstellung auch den Kurvenverlauf mit dem Finger bzw. der Hand „abfahren", dann steigt die Merkwahr-scheinlichkeit. Gerade bei stark *kinästhetisch* geprägten Personen kann diese Vorgehensweise sowohl für das Verstehen als auch das Behalten einen Sprung nach vorne bedeuten. Kinder, die als hyperaktiv gelten und Schwierigkeiten haben still zu sitzen, haben manchmal einfach nur eine kinästhetische *Lernpräferenz* – in einigen Schulsystemen wird unterschiedlichen Sinneskanalpräferenzen mittlerweile Rechnung getragen.

Reicht ein einmaliges Lernen von Fakten aus, um diese nie wieder zu vergessen? Leider lautet die Antwort meistens: Nein! Welche Wiederholungszyklen sinnvoll sind erfahren Sie im folgenden Abschnitt…

Wiederholung des Gelernten

Wie häufig muss ich die Durchsicht meiner Notizen *wiederholen*, wenn ich Sie dauerhaft präsent haben will – sei es Prüfungsstoff, das Berufs-ABC o.ä.? Hierbei ist eine Pauschalantwort schwer zu geben. Eine einfache Orientierungshilfe, die sich als nützlich erwiesen hat, ist folgende Empfehlung:

- nach 1 Stunde
- nach 1 Tag
- nach 1 Woche
- nach 1 Monat
- nach 1 Halbjahr
- nach 1 Jahr
- nach jeweils 1 weiteren Jahr

Besonders effektiv wird das Wiederholen dann, wenn Sie mit einem *leerem Blatt* Papier beginnen und das Behaltene niederschreiben.

Diese Vorgehensweise hat den Vorteil, dass Sie die Reproduktion des Wissens trainieren und sich auf die (noch) nicht behaltenen Teile konzentrieren können. Wenn Sie nur wiederholen ohne sich selbst zu testen, laufen Sie Gefahr, in Wirklichkeit weniger reproduzieren zu können, als es vielleicht den Anschein hat.

Ihr persönliches Wissensarchiv

Für Themen, die für Sie beruflich (oder als Schüler/Student) besonders relevant sind, empfehle ich das Anlegen einer *Wissenssammlung*. Ich habe bspw. für den großen Bereich Kommunikation eine Übersichtsgedankenlandkarte (wäre ein gutes Wort bei einer Erweiterung der Blick-spannenübungen auf 27 Buchstaben). Für die dazugehörigen Unterthemen habe ich jeweils separate Gedankenlandkarten, z.B. jeweils eine für den Bereich Präsentieren, Körper-sprache und Konflikte. Übrigens können Sie verschiedene Gedankenlandkarten auch softwaretechnisch miteinander verknüpfen.

Solche Wissenssammlungen kosten anfangs ein wenig Mühe. Dafür verfügen Sie relativ schnell über ein gut sortiertes, persönliches Wissensarchiv, auf das Sie jederzeit zugreifen können. Wenn Sie kurzfristig gebeten werden, zu einem dieser Themen einen Vortrag zu halten, einen Artikel zu schreiben oder auch nur an einem Meeting teilzunehmen, können Sie sich schnell und gezielt vorbereiten. Mittelfristig *sparen Sie Zeit* – auch dadurch, dass zu einem Sachgebiet immer weniger Neues hinzukommt: Das zehnte Buch über Verhandlungen liefert meistens nicht ganz so viele neue Inhalte wie das erste Buch. Sie werden auch erstaunt sein, wie viele Überschneidungsbereiche es auch zwischen Gebieten gibt, bei denen Sie dies zunächst nicht vermutet hätten. Außerdem erkennen Sie tendenziell leichter, welche Inhalte wirklich neu sind und welche Aspekte eines Sachgebiets einfach nur unter einem neuen Schlagwort verpackt wurden.

Ich möchte Ihnen übrigens empfehlen, eine eigene Gedankenlandkarte dieses Buchs anzufertigen. Selbst angefertigte Notizen haben den Vorteil, dass sie auf Ihre Bedürfnisse und Zielsetzungen zugeschnitten sind. Eine solche Gedankenlandkarte könnte auch der Beginn Ihres persönlichen Wissensarchivs sein…

Wenn Sie Ihrem Gedächtnis und Ihrer Merkfähigkeit in Bezug auf Zahlen, Fakten und Namen einen weiteren Schub verleihen wollen, dann besuchen Sie uns unter:

www.peoplebuilding.de/Buecher_Audio_Video_Software
(Sie können auch einfach www.peoplebuilding.de eingeben und auf die Rubrik „Bücher, Audio, Video" klicken)

P.S.: Beim Kauf des PoweReading-Automatic-Trainers ist ein Exemplar des Power-Brain-Videos gratis als Bonus dabei.

Interview mit Markus Hofmann

Zach Davis: *„Wie kamen Sie zu den Gedächtnistechniken?"*
Markus Hofmann: *„Ich habe die Techniken von einem Trainerkollegen kennen gelernt. Als ich diese dann in meinem Studium anwendete, hat sich mein Notendurchschnitt dramatisch verbessert. Und das bei erheblich weniger Lernaufwand. Die Tipps und Tricks zeigte ich zuerst einem Kommilitonen, dann meinen Freunden, Bekannten, Verwandten, usw. Ich wurde immer besser und sicherer. Außerdem machte es mir unglaublichen Spaß. Das war dann der ausschlaggebende Punkt mich selbstständig zu machen. Mein Hobby ist mein Beruf."*

Zach Davis: *„Wie waren Ihre schulischen Leistungen?"*
Markus Hofmann: *„Durchschnittlich. Was mich interessierte, blieb gespeichert. Wenn die Lehrer den Lehrstoff gut vermitteln konnten, habe ich auch sehr viel behalten. Alles andere war uninteressant, langweilig und nicht so wichtig für mich. Das Geheimnis liegt neben den Techniken in der Motivation und der Aufbereitung des zu lernenden Stoffes. Dies können einige besser, andere weniger gut. Jeder Lehrer sollte mit diesen Techniken arbeiten."*

Zach Davis: *„Eine Antwort auf die PISA-Studie?"*
Markus Hofmann: *„Warum stehen die skandinavischen Länder in der PISA-Studie ganz oben? Die Lehrer arbeiten schon lange mit diesen Techniken. Damit ist nicht gemeint, dass die Methode durch ein eigenes Unterrichtsfach gelehrt wird. Die Pädagogen wenden sie als Werkzeug in ihrem Unterricht an."*

Zach Davis: *„Wenn Sie in den Supermarkt gehen – mit oder ohne Einkaufszettel?"*

Markus Hofmann: *„Die Einkaufsliste im Kopf abzuspeichern ist tatsächlich eines der einfachsten Übungen. Je öfter ich mich auf mein Gedächtnis verlasse, desto zuverlässiger wird es. Außerdem ist es eine schöne Übung um geistig fit zu bleiben."*

Zach Davis: *„Und wie war es früher?"*

Markus Hofmann: *„Ein Drama. Oft musste ich mir einen Einkaufszettel schreiben. Habe ich das nicht gemacht, gab es zwei Situationen: entweder habe ich nur die Hälfte mitgebracht, weil ich den Rest vergessen hatte. Oder ich habe doppelt soviel eingekauft, um sicher zu gehen, dass ich auch alles habe."*

Zach Davis: *„Sind Sie ein Genie?"*

Markus Hofmann: *„Nein, überhaupt nicht. Mein Gehirn ist um kein Gramm schwerer als ein anderes. Es ist nur anders trainiert. Jeder ist in der Lage, die gleichen Gedächtnisleistungen wie ich zu vollbringen. Deswegen bin ich kein Gehirngenie, ich bezeichne mich lieber als Gedächtnistrainer. Die Herausforderung ist, die Techniken einer Person so zu zeigen, dass sie zum einen Spaß hat und sie sofort im Alltag anzuwenden sind."*

Zach Davis: *„Inwiefern sind Gedächtnistechniken im Alltag nützlich?"*

Markus Hofmann: *„Der aus meiner Sicht hilfreichste Punkt ist das Merken von Namen und Gesichtern. Auch die wichtigsten Telefon- und Handynummern merke ich mir. Derzeit sind es 135 Nummern. Das ist eine 1.350-stellige*

Zahl. Aber auch zahlreiche To-Do-Listen, Fachwissen und Termine sind in meinem Kopf abgespeichert."

Zach Davis: *„Wie lange benötigen Sie um sich eine Telefonnummern abzuspeichern?"*
Markus Hofmann: *„Um sie zu speichern, reichen zehn Sekunden. Wenn die Nummer wichtig ist, behalte ich sie ein ganzes Leben lang, wenn sie weniger interessant ist, wird sie aus meinem Gedächtnis gelöscht. Das bestimme ich selbst."*

Zach Davis: *„Sie versprechen mit Ihrer Methodik Karriere im Beruf."*
Markus Hofmann: *„Es kommt nicht darauf an, doppelt so schlau oder doppelt so intelligent wie andere zu sein. Wichtiger ist es, besser oder schneller zu sein als seine Mitbewerber. Tiger Woods gewinnt die wichtigsten Golfturniere nicht mit viel weniger Schlägen als die anderen. Um zu gewinnen, reicht es, nur einen Schlag besser zu sein. Genau das möchte ich auch meinen Teilnehmern zeigen. Mit den gezeigten Techniken und Methoden erhalten Sie den nötigen Vorsprung durch Wissen. Was sie daraus machen, liegt ganz in ihrer Hand."*

Zach Davis: *„Welche Fähigkeiten haben Sie sich durch das Gedächtnistraining zusätzlich angeeignet?"*
Markus Hofmann: *„Jonglieren, das ist ein sehr guter Ausgleich zum Gedächtnistraining. Das hängt mit der Motorik zusammen. Ich stärke damit die Verknüpfung zwischen rechter und linker Gehirnhälfte."*

Zach Davis: *„Was ist mit Fremdsprachen?"*
Markus Hofmann: *„Derzeit lerne ich japanische Schriftzeichen. Es ist äußerst einfach, wenn man die Logik*

dahinter versteht und meine Techniken richtig einsetzt. Für 20 Zeichen brauche ich ca. 10 Minuten. Sehr viel Fantasie und kindliches Vorstellungsvermögen sind hierbei gefragt. Das sind auch die beiden wichtigsten Voraussetzungen in meinem Training. Auch alle anderen Sprachen lernt man sehr leicht. "

Zach Davis: „Was wollten Sie schon immer wissen - und wissen es jetzt?"
Markus Hofmann: „Es sind oft nur Kleinigkeiten wie die sieben Weltwunder, die wichtigsten Komponisten und ihre Werke, alle Länder der Erde, alle Sternzeichen oder die wichtigsten geschichtlichen Daten und Persönlichkeiten. "

Zach Davis: „Inwiefern passen PoweReading und Gedächtnistechniken zusammen?
Markus Hofmann: „Aus meiner Sicht ergänzt sich beides ideal. Schließlich kommt es sowohl auf das Tempo als auch das Abspeichern an. Das eine ist ohne das andere wesentlich weniger wert.

Zach Davis: „Was speichern Sie sich auf keinen Fall im Gedächtnis ab?"
Markus Hofmann: „Beispielsweise die 2.000 Stellen der Zahl Pi, da ich hier bislang kein Bedürfnis hatte. "

Zach Davis: „Wie kann man Sie kontaktieren?"
Markus Hofmann: „Alle aktuellen Informationen zu MEMO-MIND Gedächtnisseminare finden Sie im Internet unter: www.memo-mind.de

Zach Davis: „Vielen Dank für das Interview!"
Markus Hofmann: „Sehr gerne. Es war mir eine Freude!"

Das Wichtigste in Kürze

- Machen Sie sich das Niveau der Wissensreproduktion klar

- Trennen Sie die Lernschritte: Lesen, Notieren, Faktenlernen

- Halten Sie Markierungen während des Lesens möglichst einfach

- Sparen Sie durch gehirnfreundliche Notizen in Form von Gedankenlandkarten Zeit

- Nutzen Sie mehrere Sinneskanäle zur Unterstützung des Behaltens

- Wiederholen Sie nach dem Zyklus: Stunde, Tag, Woche, Monat, Halbjahr, Jahr

- Legen Sie ein persönliches Wissensarchiv an: Es spart mittelfristig Zeit und eröffnet neue Perspektiven und Möglichkeiten

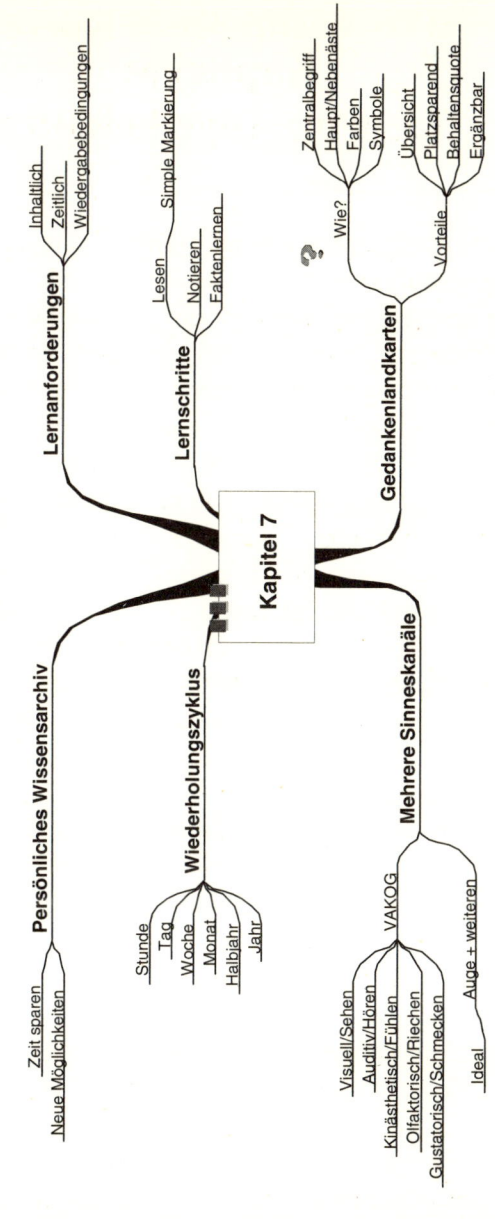

Gedankenlandkarte zu Kapitel 7

Kapitel 8:
Ziele im Auge behalten

Jetzt ist es Zeit, ein *Fazit* zu ziehen! Wie hoch war Ihre Lesegeschwindigkeit am Ende des letzten Drills? Warum am Ende des letzten Drills? Weil Sie Ihre aktuelle Höchstleistung messen sollten, wenn Sie sich „warm gelesen" haben. Kein Sprinter kann ohne Aufwärmphase eine Bestzeit erzielen. Tragen Sie Ihren aktuellen Wert unter diesem Satz ein. Wenn Sie den Wert nicht mehr im Kopf haben oder nicht genau gemessen hatten, dann nutzen Sie einfach diesen Anlass für eine weitere Drilleinheit.

Jetzt lese ich mit　　　　**WPM**

Sie haben Ihre Leseeffektivität deutlich und messbar steigern können. Darüber können Sie sich guten Gewissens freuen und stolz auf das Erreichte sein. Welche Vorteile werden Sie daraus in Zukunft ziehen? Nehmen Sie sich vor die Früchte Ihrer Arbeit auch tatsächlich zu ernten.

Wie geht Ihr Weg in Bezug auf Ihre persönlichen Lesefähigkeiten weiter? Hierzu möchte ich Ihnen drei *alternative Pfade* aufzeigen, aus denen Sie denjenigen auswählen können, der am besten auf Ihre Ziele und Bedürfnisse passt (die Übergänge zwischen diesen Alternativen sind nicht völlig trennscharf):

1)　Sie nehmen Ihre bereits erworbenen Lesefähigkeiten und transportieren diese lediglich in Ihren Alltag. Das heißt im Wesentlichen, dass Sie in Zukunft einfach Ihre Lesehilfe verwenden, um Ihre Augen möglichst effektiv zu führen (d.h. keine Rücksprünge und Einsparung der Randbereiche). Dies würde Sie keine zusätzliche Zeit kosten, sondern einfach nur sicherstellen, dass Sie auf der Basis Ihrer aktuellen Fähigkeit optimal lesen. Sofern Sie dies im Lesealltag anwenden, bleibt Ihre neu erworbene Geschwindigkeit erhalten und Sie profitieren beim zukünftigen Lesen von Ihrem erhöhten Tempo.

2) Sie wenden nicht nur die erworbenen Techniken im Alltag an, sondern Sie fordern hierbei Ihre aktuellen Fähigkeiten immer mal wieder heraus. An „ungefährlichen" Textpassagen testen Sie immer wieder Ihre Grenzen, indem Sie bspw. versuchen einen einzigen weiteren Millimeter im Randbereich einer Zeile einzusparen. Oder Sie verlassen Ihre Komfortzone durch eine leicht schnellere Augenführung. Oder Sie erhöhen Ihre Geschwindigkeit bei Beispielen, Wiederholungen oder sonstigen, geeigneten Stellen.

3) Sie entscheiden sich dafür, eine bestimmte Menge Zeit in Training zu investieren. Dazu haben Sie gleich mehrere Möglichkeiten. Sie können z.B. jeden Tag 15 Minuten zum Trainieren verwenden. Alternativ können Sie sich weiterhin im Selbststudium mit weiteren Büchern oder Audioprogrammen beschäftigen. Seien Sie allerdings bei der Auswahl sehr kritisch, da die Qualität wie bei anderen Sachgebieten auch sehr unterschiedlich ist (aber zumindest für Bücher besitzen Sie ja nun gute Vorschautechniken). Der Besuch eines Seminars ist eine Variante, die sich besonders gut zum Ausbau der eigenen Fähigkeit eignet, weil Sie sich über mehrere

Stunden voll auf PoweReading konzentrieren können und individuelle Anforderungen und Schwierigkeit ansprechen können.

Wenn Sie weitere Steigerungen anstreben, dann empfehle ich Ihnen, sich erneut die Fragen aus Kapitel 1 „*Ihre* neuen Möglichkeiten" dieses Buch zu stellen – nun aus der heutigen Perspektive heraus. Einige Vorteile werden ähnlich geblieben sein, andere sind vielleicht weniger bedeutsam geworden und wieder andere neu hinzugekommen. Bei jeder angestrebten Veränderung halte ich es für sinnvoll, sich zunächst ernsthaft mit den Beweggründen und den angestrebten Resultaten auseinander zu setzen.

Gibt es in Bezug auf die Lesegeschwindigkeit *Grenzen*?
Zwar gibt es immer wieder persönliche Plateaus, aber mittlerweile zumindest Hunderte Menschen weltweit, die konstant mit Geschwindigkeiten jenseits der Marke von 1000 WPM lesen, und einige stellen dies bei Speedreading-Wettbewerben anhand unveröffentlichter Nicht-Sachbücher unter Beweis.

Wenn Sie eine gewisse Faszination am Thema gefunden haben, können Sie auch einem *Speed-Reading-Club* im Internet beitreten und sich dort mit anderen Interessierten über Erfolgserlebnisse, Schwierigkeiten, Sondersituationen, angrenzende Bereiche etc. austauschen. Vielleicht begegnen wir uns dort sogar einmal.

Zum Abschluss noch ein Plädoyer für das Lesen:
Ich kenne kaum herausragende Persönlichkeiten, die es nicht in besonders effektiver Weise verstehen, relevante Informationen aufzunehmen. Die häufigste Quelle hierfür ist nach wie vor das Lesen. Solange es keine Möglichkeit gibt, Wissen zu transplantieren oder wie bei einem Computer auf die menschliche Festplatte zu laden, wird das Lesen meiner Prognose nach weiterhin der wichtigste Weg des Wissenserwerbs bleiben. Über die zunehmende Bedeutung von Wissen haben andere Autoren hinreichend gesprochen. Schlagworte wie „lebenslanges Lernen" und „Informationszeitalter" sind in aller Munde. Sie haben durch Lesen im Internet die Möglichkeit in kurzer Zeit Informationen aufzunehmen, die dem aktuellen Stand der Forschung entsprechen, für welche die jeweiligen Autoren vielleicht Jahre oder Jahrzehnte Aufwand investieren mussten. Sie können von der Erfahrung einer ganzen Karriere, eines ganzen Lebens oder einer ganzen Generation profitieren. Die Möglichkeiten sind buchstäblich unbegrenzt. Lesen konnten Sie auch schon vor dem Kauf dieses Buchs – jetzt haben Sie weitere, effektivere Werkzeuge an der Hand, um auf der Informationswelle zu reiten statt von dieser überflutet zu werden. Viel Spaß beim Surfen bzw. Wellenreiten!

Abschliessend mein Leitspruch zur Leseffizienz:

Leaders are Readers
& Readers are Leaders

Ganz besonders freue ich mich über Ihre Erfolgsstorys. Diese treiben mich an!

Schreiben Sie an: info@peoplebuilding.de

Ich würde mich freuen, Sie persönlich kennen zu lernen – sei es in einem Seminar oder bei anderer Gelegenheit. Ich wünsche Ihnen viel Erfolg und alles Gute!

P.S.: Der PoweReading-Automatic-Trainer stellt eine ideale Ergänzung bzw. Fortsetzung dieses Buches dar. Weitere Informationen hierzu sowie zu zahlreichen weiteren Produkten finden Sie unter: www.peoplebuilding.de

Zum PoweReading-Automatic-Trainer gelangen Sie direkt: www.peoplebuilding.de/PoweReading-Automatic-Trainer

Wichtig:
Sie können den **100-Euro-Gutschein** in diesem Buch in entweder auf die Teilnahme an einem **PoweReading-Seminar** oder auf ein Exemplar des **PoweReading-Automatic-Trainers** anwenden! Sollte der Gutschein in diesem Buch fehlen, dann kontaktieren Sie uns bitte.

Anhang

Fortschrittstabelle

Datum	Übungstext	Übungsart	WPM
4.10.18			245

Übersicht Mitmach-Teile

An dieser Stelle finden Sie eine Übersicht über alle Mitmach-Teile. Diese dienen zum einen der schnellen Wiederholung zwecks besserer Verankerung im Gedächtnis. Zum anderen geben sie Ihnen die Möglichkeit bestimmte Passagen leichter wieder zufinden.

Nr. 1 (Nutzen), Seite 13
Nr. 2 (Folgen), Seite 15
Nr. 3 (Entgehendes), Seite 19
Nr. 4 (Ausgangsgeschwindigkeit), Seite 24
Nr. 5 (Etappenziel), Seite 29
Nr. 6 (Kreisform), Seite 34
Nr. 7 (Vorwärtsführen), Seite 39
Nr. 8 (Blickspannentest), Seite 44
Nr. 9 (Wegstreckensparen), Seite 46
Nr. 10 (Lesetest), Seite 53
Nr. 11 (Zielerreichungsgrad), Seite 55
Nr. 12 (Blickspannentanne), Seite 59
Nr. 13 (Erkennungstempo Nr. 1), Seite 61
Nr. 14 (Konzentration), Seite 79
Nr. 15 (Schlüsselwörter), Seite 88
Nr. 16 (Wortschatz), Seite 92
Nr. 17 (Drill Nr. 1), Seite 109
Nr. 18 (Erkennungstempo Nr. 2), Seite 113
Nr. 19 (Drill Nr. 2), Seite 115
Nr. 20 (Erkennungstempo Nr. 3), Seite 118
Nr. 21 (Drill Nr. 3), Seite 120
Nr. 22 (Erkennungstempo Nr. 4), Seite 122
Nr. 23 (Drill Nr. 4), Seite 125
Nr. 24 (Erkennungstempo Nr. 5), Seite 127
Nr. 25 (Drill Nr. 5), Seite 132

Übersicht Drills

Hier finden Sie die fünf bereits aufgeführten Drills gesammelt. Die darauf folgenden Drills sechs bis acht sind neu und teilweise mit den Überfliegetechniken kombiniert.

Drill 1:
1. Runde
1) 1 Min: VT, bspw. 400 WPM
2) 1 Min: 2x VT, bspw. 800 WPM
3) 1 Min: 3x VT, bspw. 1200 WPM

2. Runde
1) 1 Min: *Neues(!)* VT, bspw. 420 WPM
2) 1 Min: 2x *neues* VT, bspw. 840 WPM
3) 1 Min: 3x *neues* VT, bspw. 1260 WPM

3. Runde
1) 1 Min: *Neues(!)* VT, bspw. 440 WPM
2) 1 Min: 2x *neues* VT, bspw. 880 WPM
3) 1 Min: 3x *neues* VT, bspw. 1320 WPM

Drill 2
1. Runde
1) 1 Min: VT, bspw. 400 WPM
2) 1 Min: VT + 100 WPM, bspw. 500 WPM
3) 1 Min: VT + 200 WPM, bspw. 600 WPM
4) 1 Min: VT + 300 WPM, bspw. 700 WPM
5) 1 Min: VT + 400 WPM, bspw. 800 WPM
6) 1 Min: VT + 500 WPM, bspw. 900 WPM

2. Runde
1) 1 Min: *Neues(!)* VT, bspw. 500 WPM
2) 1 Min: *Neues(!)* VT + 100 WPM, bspw. 600 WPM
3) 1 Min: *Neues(!)* VT + 200 WPM, bspw. 700 WPM
4) 1 Min: *Neues(!)* VT + 300 WPM, bspw. 800 WPM
5) 1 Min: *Neues(!)* VT + 400 WPM, bspw. 900 WPM
6) 1 Min: *Neues(!)* VT + 500 WPM, bspw. 1000 WPM

Drill 3
1. Runde
4 Min: VT, bspw. 500 WPM

2. Runde
Gleicher(!) Textabschnitt in 3 Min, bspw. 667 WPM

3. Runde
Gleicher(!) Textabschnitt in 2 Min, bspw. 1000 WPM

4. Runde
Gleicher(!) Textabschnitt in 1 Min, bspw. 2000 WPM

Drill 4
1. Runde
1) 1 Min: 1 Zeile, VT, bspw. 500 WPM
2) 1 Min: 2 Zeilen *simultan(!)*, bspw. knapp 1000 WPM
3) 1 Min: 3 Zeilen *simultan(!)*, bspw. knapp 1500 WPM
4) 1 Min: 4 Zeilen *simultan(!)*, bspw. knapp 2000 WPM

2. Runde
1) 1 Min: 1 Zeile, *neues(!)* VT, bspw. 550 WPM
2) 1 Min: 2 Zeilen *simultan(!)*, bspw. knapp 1100 WPM
3) 1 Min: 3 Zeilen *simultan(!)*, bspw. knapp 1650 WPM
4) 1 Min: 4 Zeilen *simultan(!)*, bspw. knapp 2200 WPM

3. Runde
1) 1 Min: 1 Zeile, *neues(!)*VT, bspw. 600 WPM
2) 1 Min: 2 Zeilen *simultan(!)*, bspw. knapp 1200 WPM
3) 1 Min: 3 Zeilen *simultan(!)*, bspw. knapp 1800 WPM
4) 1 Min: 4 Zeilen *simultan(!)*, bspw. knapp 2400 WPM

Drill 5
1. Runde
3 Min: *Vorwärts, rückwärts(!)*, bspw. 600 WPM

2. Runde
3 Min: *Vorwärts, rückwärts(!)*, bspw. 800 WPM

3. Runde
3 Min: *Vorwärts, rückwärts(!)*, bspw. 1000 WPM

Drill 6
1. Runde
4 Minuten VT

2. Runde
4 Minuten beliebige *Überfliegetechnik*, 2-10 Sekunden pro Seite

3. Runde
4 Minuten *neues(!)* VT

Drill 7
1. Runde
1 Minute VT
1 Minute VT + 100 WPM
1 Minute VT + 200 WPM
1 Minute VT + 300 WPM

2. Runde
4 Minuten beliebige *Überfliegetechnik*, 2-10 Sekunden pro Seite

3. Runde
1 Minute VT + 400 WPM
1 Minute VT + 300 WPM
1 Minute VT + 200 WPM
1 Minute *neues(!)* VT

Drill 8
1. Runde
2 Minuten VT
2 Minuten beliebige *Überfliegetechnik*, 2-10 Sekunden pro Seite

2. Runde
2 Minuten *neues(!)* VT
2 Minuten beliebige *Überfliegetechnik*, 2-10 Sekunden pro Seite

3. Runde
2 Minuten *neues(!)* VT
2 Minuten beliebige *Überfliegetechnik*, 2-10 Sekunden pro Seite

Anhang

Literaturverzeichnis

Birkenbihl, Vera F.: Stroh im Kopf? Vom Gehirn-Besitzer zum Gehirn-Benutzer. Landsberg/München: mvg Verlag, 2003

Buzan, Barry / Buzan, Tony: Das Mind-Map Buch. Die beste Methode zur Steigerung Ihres geistigen Potenzials. Landsberg/München: mvg Verlag, 2002

Buzan, Tony: Nichts vergessen! Kopftraining für ein Supergedächtnis. München: Wilhelm Goldmann Verlag, 2000

Buzan, Tony: Speed-Reading. Schneller lesen, mehr verstehen, besser behalten. Landsberg/München: mvg Verlag, 2003

De Bono, Edward: De Bonos neue Denkschule. Kreativer denken, effektiver Arbeiten, mehr erreichen. Landsberg/München: mvg Verlag, 2002

Burkart, Christiane / Enkelmann, Nikolaus: Erfolgsprinzipien der Optimisten. Wünschen – Planen – Wagen – Siegen. Offenbach: Gabal Verlag, 1997

Fedrigotti, Antony: 30 Minuten für erfolgreiche Stressbewältigung. Offenbach: Gabal Verlag, 2000

Frank, Stanley D.: The Evelyn Wood 7-Day Speed-Reading & Learning Program. New York: Avon Books, 1992

197

Johnen, Wilhelm: Muskelentspannung nach Jacobson. München: Gräfer & Unzer Verlag, 1999

Katz, Lawrence C. / Rubin, Manning: Neurobics Fit im Kopf. Übungen zur Leistungssteigerungen des Gehirns. München: Wilhelm Goldmann Verlag, 2001

Kump, Peter: Breakthrough Rapid Reading. New York: Prentice Hall Press, 1999

Linksman, Ricki: How to Learn Anything Quickly. An Accelerated Program for Rapid Learning. Secaucus/New Jersey: Carol Publishing Group, 1997

Loehr, James E.: Die Neue Mentale Stärke. Sportliche Bestleistung durch mentale, emotionale und physische Konditionierung. München: BLV Verlagsgesellschaft, 2003

Moidel, Steve: Speed-Reading for Business. Hauppauge/New York: Barron's Educational Series, 1998

Redway, Kathryn: How to be a Rapid Reader. Lincolnwood/Illinois: National Textbook Company, 1991

Robbins, Anthony: Das Robbins Power Prinzip. Wie Sie Ihre wahren inneren Kräfte sofort einsetzen. München: Wilhelm Heyne Verlag, 1998

Seiwert, Lothar: Das neue 1x1 des Zeitmanagement. München: Gräfer & Unzer Verlag, 2002

Theilacker, Jörg B. / Wiesinger, Ulrich: IQ Training. Ihr Weg zum Erfolg. München, Südwest Verlag, 1999

Kontakt

Zur Kontaktaufnahme lade ich Sie herzlich ein:

Firmenseminare, Vorträge & Coaching
info@peoplebuilding.de

Ihre Erfolgsstory
info@peoplebuilding.de

Kostenlose Effektivitäts-Tools
www.peoplebuilding.de

Anschrift
Peoplebuilding
Lena-Christ-Str. 50
82152 Planegg

Telefon
089-374187-50

PoweReading-Automatic-Trainer:
www.peoplebuilding.de/PoweReading-Automatic-Trainer
(100-Euro-Gutschein anwendbar als Leser dieses Buchs!)

Trainer, Speaker & Autor

Zach Davis gilt laut Perfect Speakers zu den Top 100 Referenten in Deutschland und wurde als US-Amerikaner im Jahr 2007 in die Personenenzyklopädie „who is who in der Bundesrepublik Deutschland" aufgenommen. In den Medien wird er als einer der gefragtesten und innovativsten Akteure im deutschen Markt bezeichnet. Neben dem Thema PoweReading hat er sich auf den Bereich „nachhaltige Effektivitätssteigerung" spezialisiert. Seine erprobten Schritt-für-Schritt-Systeme werden unterhaltsam vermittelt und sind sofort gewinnbringend einsetzbar. Über 90 Prozent seiner Seminarkunden buchen ihn nach der Erstbuchung erneut – viele davon seit Jahren.

Zach Davis wird regelmäßig als Speaker für Veranstaltungen unterschiedlichster Art gebucht und zu Fragen rund um das Thema „persönliche Effektivität" interviewt. Er besitzt Lehraufträge an mehreren Hochschulen und ist Autor folgender Produkte:

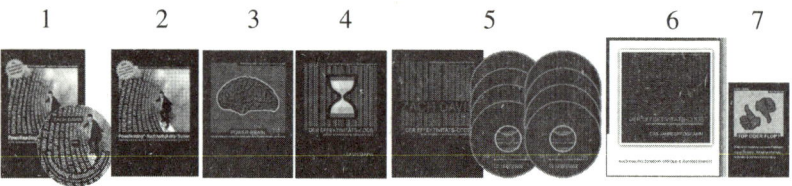

1 – Video-DVD „PoweReading-Automatic-Trainer"
2 – Audio-CD „PoweReading-Nachhaltigkeits-Trainer"
3 – Video-CD „Power-Brain" (Merktechniken)
4 – Video-DVD „Mehr schaffen in weniger Zeit"
5 – 8-teilige Audioserie „Der Effektivitäts-Code"
6 – Jahresprogramm „Gewohnheiten leicht ändern"
7 – Taschenbuch „Top oder Flop in d. Personalentwicklung"

Mehr schaffen in weniger Zeit

In unserem zweiten Schwerpunkt (neben PoweReading) geht es um das Thema „nachhaltige Effektivitätsteigerung". Eine hohe Nachhaltigkeit zu erreichen ist in der Personalentwicklung die Herausforderung schlechthin. Dieses Thema nehmen wir sehr ernst.

Bereits im Seminar zielen die Inhalte und Methoden auf Einfachheit und Umsetzbarkeit ab. Es geht nicht um Insellösungen, sondern um nützliche Denk- und Handlungsgewohnheiten.

Die für Kunden entwickelten Konzepte beinhalten häufig auch Komponenten aus dem Multimediabereich zur Wiederholung und Vertiefung von Inhalten, z.B. dem Jahresprogramm für mehr Erfolg und Zufriedenheit. Letzteres zielt nicht auf Vorhaben, Kurzfristigkeit und Einzelmaßnahmen ab, sondern auf Gewohnheitsänderungen. Es beinhaltet jeden Wochentag (ca. fünf Minuten Aufwand) eine automatisch zugesandte Videolerneinheit, verbunden mit kleinen, einfachen Umsetzungsschritten. Viele simple Einzelschritte ergeben in der Summe sehr, sehr beachtliche Fortschritte. Das ist der Nutzen. Die Anwenderrückmeldungen sind noch besser als wir bei der Konzeption gedacht hatten.

Wenn Sie mehr hierzu für Ihr Unternehmen erfahren möchten, dann kontaktieren Sie uns gerne. Wir werden erst zuhören und dann Vorschläge erarbeiten. Wenn Sie dieses methodisch-didaktisch einzigartige Programm als Einzelperson für sich nutzen möchten, dann können Sie den 100-Euro-Gutschein hierauf anwenden.

Dieses Buch in Sonderauflage Ihres Unternehmens

Sie sind auf der Suche nach einem Geschenk für Ihre Kunden, Mitarbeiter oder andere wichtige Personen und wollen nicht wie die meisten Unternehmen Kugelschreiber oder Ähnliches verschenken? Ein gutes Buch hat man ein Leben lang! Fast alle arbeitenden Menschen (Akademiker und Führungskräfte fast ausnahmslos) haben viel zu lesen…

Als uns ein Kunde fragte, ob es möglich sei, eine spezielle Firmenedition dieses Buchs als Kundengeschenk zu erhalten, waren wir zunächst skeptisch. Wir haben aber die Hürden aus dem Weg räumen können. Nun gibt es also die Möglichkeit, dieses Buch mit folgenden unternehmens-spezifischen Komponenten zu erhalten:

- Banner auf Vorderseite über die komplette Breite des Covers, z.B. mit Unternehmensnamen, Logo und Slogan (alles in Ihrer eigenen Corporate Identity)
- Ein individuelles Vorwort eines Geschäftsführers, Vorstands oder einer beliebigen anderen Person, z.B. dem internen Sponsor als Klappentext vorne
- Ein individueller Text des Autors zu Ihrem Unternehmen und dieser Sonderauflage als Klappentext hinten

Wir können dies bereits ab einer Auflage von 100 Stück für Sie realisieren und das zu einem Preis, der weit unter dem regulären Stückpreis (und somit wahrgenommenen Wert) liegt. Kontaktieren Sie uns hierzu unter 089-374187-50 oder info@peoplebuilding.de!

Referenzen (Auszug)

Hochschullehrtätigkeit

Aufnahmen als Experte bzw. Persönlichkeit

Pressestimmen

Zach Davis wird regelmäßig zu Fragen rund um das Thema „persönliche Effektivität" interviewt. So urteilt die Presse über seine Methoden, Inhalte und Veranstaltungen:

„Zach Davis begeistert 220 Teilnehmer!" **Hessischer Rundfunk**

„Einer der Hauptakteure im Trainermarkt!" **Stuttgarter Zeitung**

„Er zog das Publikum mit seinem Vortrag in seinen Bann!" **Value News**

„Einer der jüngsten erfolgreichen Trainer in Deutschland!" **Sparkassenzeitung**

„Davis... führenden Experten für innovative Zeitspar-Strategien" **Baustoffmarkt**

„Zach Davis lehrt, wie man mit Maximalgeschwindigkeit liest!" **Welt am Sonntag**

„Ausnahmslos positive Rückmeldungen der Teilnehmer!" **Düsseldorfer Ausbilderkreis**

„Zach Davis – Leseexperte Nr. 1 in Deutschland und Bestsellerautor" **Radio Charivari**

„Mit seinen Effektivitäts-Systemen sehr erfolgreich!" **Magazin Bank Fachklasse**

„Gefragter Trainer, Redner und Autor für persönliche Effektivität!" **F.A.Z.-Institut**

„Zach Davis zählt zu den innovativsten Effektivitäts-Experten!" **Der Kriminalist**

„Gehört zu den führenden Experten in Deutschland." **Hotelling/Jobtelling**

„Einer der führenden Experten Deutschlands!" **Business-wissen.de**

„Professionelles Methodentraining – dynamisch!" **Taunus Zeitung**

„Informatives und dynamisches Interview!" **Antenne Bayern**

„Sympathisches Auftreten!" **Mensa Deutschland**

„Der neue Star in der Trainerliga!" **RTL**

Weitere Berichte & Artikel

Schlussbemerkung

Ich hoffe sehr, Ihnen durch dieses Buch neue Perspektiven eröffnet zu haben. Wenn dies so ist, dann haben wir unser gemeinsames Ziel erreicht. Ich wünsche Ihnen bei der Realisierung Ihrer weiteren Ziele und Träume alles Gute! Durch Lesen können Sie sich fast alles Erdenkliches erschließen…

Wir bei Peoplebuilding würden uns freuen, Sie weiterhin unterstützen zu dürfen – sei es in Form von Büchern, Multimediaprodukten (z.B. PoweReading-Automatic-Trainer; 100-Euro-Gutschein anwendbar), einer Teilnahme an einem offenen Seminar, Einzelcoaching oder einem Seminar oder Vortrag für Ihre Mitarbeiter oder Kunden.

Bleiben Sie mit uns in Verbindung!

Zach Davis